CAMBRIDGE

AF194381

Mandarin Chinese

for Cambridge IGCSE™

WORKBOOK

Martin Mak, Xixia Wang & Ivy So Ling Liu

Second edition with Digital access

Shaftesbury Road, Cambridge CB2 8EA, United Kingdom

One Liberty Plaza, 20th Floor, New York, NY 10006, USA

477 Williamstown Road, Port Melbourne, VIC 3207, Australia

314–321, 3rd Floor, Plot 3, Splendor Forum, Jasola District Centre, New Delhi – 110025, India

103 Penang Road, #05–06/07, Visioncrest Commercial, Singapore 238467

Cambridge University Press & Assessment is a department of the University of Cambridge.

We share the University's mission to contribute to society through the pursuit of education, learning and research at the highest international levels of excellence.

www.cambridge.org
Information on this title: www.cambridge.org/9781009826389

First published 2017
Revised edition 2020
20 19 18 17 16 15 14 13 12 11 10 9 8 7 6 5 4 3 2 1

Printed in Malaysia by Vivar Printing

A catalogue record for this publication is available from the British Library

978-1-009-82638-9 Workbook with Digital Access (2 years)

Additional resources for this publication at www.cambridge.org/9781009826389

Cambridge International Education material in this publication is reproduced under licence and remains the intellectual property of Cambridge University Press & Assessment.

2025 Cambridge Dedicated Teacher Awards

Our **Cambridge Dedicated Teacher Awards** are an opportunity to show appreciation for the incredible work teachers do every day.

Thank you to everyone who nominated this year; we have been inspired and moved by all of your stories. Well done to all of our nominees for your dedication to learning and for inspiring the next generation of thinkers, leaders and innovators.

Congratulations to our winners!

Global Winner

Sub-Saharan Africa

Portia Dzilah

Pakro-Adjinase St. James Anglican Basic School, Ghana

East Asia

Yun Xie

Yew Wah International Education School of Shanghai Lingang, China

Europe

Oleksandr Zhuk

Zaporizhzhia Special Comprehensive Boarding Xchool, Dzherelo, Ukraine

Latin America

Eduardo Pérez

Instituto Técnico Guaimaral, Colombia

North America

Isabel de Feria

Marjory Stoneman Douglas Elementary, USA

Middle East and North Africa

Farrukh Saleem

Pakistan International School Jeddah English Section, Saudi Arabia

Pakistan

Adnan Ahmed Usmani

Bahria Town School and College, Pakistan

South Asia

Sakina Bharmal

The Galaxy School - Wadi, India

Southeast Asia & Pacific

Polly Neville

Denla British School Bangkok, Thailand

For more information about our dedicated teachers and their stories, go to **dedicatedteacher.cambridge.org**

CAMBRIDGE

> Contents

> How to use this series

This suite of resources supports students and teachers following the Cambridge IGCSE™ Mandarin Chinese syllabus (0547) for examination from 2028. All of the components in the series are designed to work together and help students develop the necessary knowledge and skills for this subject.

The coursebook is designed for students to use in class with guidance from the teacher. It includes a welcome unit and 25 further units that cover a variety of topics to provide a comprehensive understanding of Chinese language and culture. Each unit includes sections on vocabulary and grammar with activities to develop speaking, listening, reading and writing skills to allow learners to apply these skills to a particular topic. Features such as top tips, culture boxes and languages boxes provide additional information throughout, allowing learners to build their understanding further.

A digital version of the coursebook is included with the print version and is available separately.

The write-in workbook consolidates the learning in the coursebook by providing opportunities for more focused practice. It can be used flexibly, as an additional resource to support learning in the classroom or at home for individual work. The workbook fully reflects the structure of the coursebook, making it easy to navigate. It provides activities at three different levels to help teachers provide differentiation, as well as allowing students to build their confidence by providing them with activities that are right for their level. The workbook also includes practice opportunities, allowing learners to apply their understanding and test their key skills.

A digital version of the workbook is included with the print version.

The digital teacher's resource provides everything teachers need to deliver this course. It is packed full of useful teaching notes and lesson ideas, with suggestions for differentiation to support and challenge students, ideas for assessment and homework guidance. A range of additional resources such as worksheets, audio scripts and answers to the coursebook and workbook questions are also available to help teachers save time and enrich their practice.

> How to use this book

Throughout this workbook, you will see these features, which are designed to help your learning. Here is a summary of what you will find.

词语 Vocabulary
(cí yǔ)

Each unit begins with a section focusing on building vocabulary skills, which are divided into focus, practice and challenge activities. Focus activities aim to consolidate learning, practice activities provide additional opportunities to review what has been learned and challenge activities require higher-order thinking skills and stretch understanding.

语法 Grammar
(yǔ fǎ)

The following section focuses on practising grammar skills, which are again divided into focus, practice and challenge activities.

听说读写练习 Skills
(tīng shuō dú xiě liàn xí)

The third section includes opportunities to develop reading, writing, listening and speaking skills, which are once more divided into focus, practice and challenge activities.

视频 Video
(shì pín)

Each unit includes an activity based on the coursebook video. This is an opportunity to review the material and further practise comprehension skills.

小贴士 TOP TIP
(xiǎo tiē shì)

This box provides tips for completing activities and guidance on how best to apply the skills that have been learned. Top tip boxes also include vocabulary and useful expressions.

小试牛刀 Ready?

xiǎo shì niú dāo

Each unit ends with a section that includes skills-based activities and practice opportunities.

自我评估 SELF-ASSESSMENT
zì wǒ píng gū

Some activities include self-assessments, which allow you to reflect on your learning.

In some activities, you will see this audio icon. This indicates that the activity has an audio track to help you develop your listening skills.

Endorsement statement

Endorsement indicates that a resource has passed Cambridge International Education's rigorous quality-assurance process and is suitable to support the delivery of their syllabus. However, endorsed resources are not the only suitable materials available to support teaching and learning, and are not essential to achieve the qualification. For the full list of endorsed resources to support this syllabus, visit www.cambridgeinternational.org/endorsed-resources.

Any example answers to questions taken from past question papers, practice questions, accompanying marks and mark schemes included in this resource have been written by the authors and are for guidance only. They do not replicate examination papers. In examinations the way marks are awarded may be different. Any references to assessment and/or assessment preparation are the publisher's interpretation of the syllabus requirements. Examiners will not use endorsed resources as a source of material for any assessment set by Cambridge International Education.

While the publishers have made every attempt to ensure that advice on the qualification and its assessment is accurate, the official syllabus, specimen assessment materials and any associated assessment guidance materials produced by the awarding body are the only authoritative source of information and should always be referred to for definitive guidance.

Our approach is to provide teachers with access to a wide range of high-quality resources that suit different styles and types of teaching and learning.

For more information about the endorsement process, please visit www.cambridgeinternational.org/endorsed-resources.

〉 Part A

rì cháng huó dòng

日常活动
Everyday
activities

问候与自我介绍 *wèn hòu yǔ zì wǒ jiè shào*

1 Greetings and self-introductions

词语 *cí yǔ* Vocabulary

重点 *zhòng diǎn* Focus

一、将左边的短语与右边的意思连接起来。
yī jiāng zuǒ biān de duǎn yǔ yǔ yòu biān de yì si lián jiē qǐ lái

Match the Chinese on the left with the English on the right.

1	你好
2	我叫
3	哪国人
4	中国人
5	见到你很高兴
6	日本人
7	印度人

A	Nice to meet you
B	Hello
C	Chinese person
D	Japanese person
E	Indian person
F	My name is …
G	Which nationality?

练习 *liàn xí* Practice

二、按照例子，填数字。
èr àn zhào lì zi tián shù zì

Follow the example and fill in the numbers.

例：十 + 二十三 = _____ 三十三 _____

1　十五 + 二十一 = _____

2　二十 + 一 = _____

3　四十 + 六十 = _____

4　十一 + 二 = _____

5　三十 + 九 = _____

6 五 + 二 = ...

7 八十三 + 七 = ...

8 八十 + 四十 = ...

9 一百 + 九十九 = ...

10 一千 + 一百 = ...

tiǎo zhàn
挑战 Challenge

sān　tián cí yóu xì
三、填词游戏。

Complete the crossword.

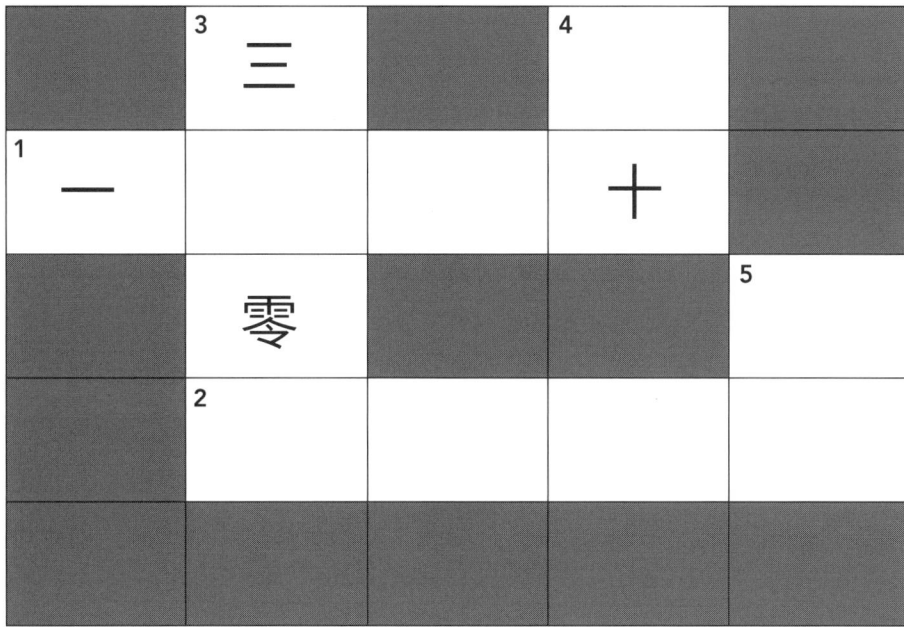

Across:

1 150

2 7,002

Down:

3 307

4 60

5 12

语法 Grammar
yǔ fǎ

重点 Focus
zhòng diǎn

四、按照例子，重组句子。
sì àn zhào lì zi chóng zǔ jù zi

Follow the example and rearrange the words to form correct sentences.

例：哪 / 国 / 人 / 是 / 你 ➔ ......你是哪国人？......

1 忙 / 你 / 吗 / 很 ➔ ....

2 不 / 客气 / 用 ➔ ....

3 我 / 很 / 忙 / 今天 ➔ ....

4 关系 / 没 ➔ ....

5 忙 / 你 / 忙 / 不 ➔ ....

练习 Practice
liàn xí

五、改正错误。
wǔ gǎi zhèng cuò wù

Correct the mistakes.

1 你叫我什么名字？ ....

2 我是中国。 ....

3 对起不！ ....

4 上早好！ ....

5 你是忙吗？ ....

挑战 Challenge
tiǎo zhàn

六、用所给的提示翻译句子。
liù yòng suǒ gěi de tí shì fān yì jù zi

Translate the sentences using the prompts given.

1 I'm fine. (很好) ....

2 The students are very happy. (们，高兴) ....

3 How are you? (吗) ....

4 Are you Chinese? (你，吗) ....

5 Where do you live? (你们，哪儿) ....

tīng shuō dú xiě liàn xí
听说读写练习 Skills

liàn xí
练习 Practice

qī zhǎo chū xià miàn hàn zì de dì yī bǐ
七、找出下面汉字的第一笔。

Find the first stroke of the following characters.

Character	First stroke	Character	First stroke
1 八		4 马	
2 万		5 张	
3 国		6 文	

zhòng diǎn
重点 Focus

bā yòng suǒ gěi de duǎn yǔ tián kòng wán chéng jù zi měi gè duǎn yǔ zhǐ yòng yí cì
八、用所给的短语填空，完成句子，每个短语只用一次。

Fill in the blanks with the given phrases to complete the sentences. Each phrase can only be used once.

> 你好　　哪国人　　不用谢　　没关系
> 你忙吗　　我很忙　　我很好

1 **A:** ....! 你叫什么名字？

　　 B: 你好，我叫<u>李明</u>。

2 **A:** 对不起！

　　 B: ....。

3 **A:** 谢谢你！

　　 B: ....。

4 **A:** ....？

　　 B: ....，今天有很多工作。

5

5 A: 你好吗？

B: ....，谢谢!

6 A: 你是 ....?

B: 我是中国人。

tiǎo zhàn
挑战 Challenge

jiǔ dú xià miàn Wáng Míng de zì wǒ jiè shào wán chéng qíng jǐng duì huà
九、读下面 "王明的自我介绍"，完成情景对话。

Read Wang Ming's self-introduction and complete the dialogue.

王明的自我介绍

你好，我叫王明。我是中国人。我十五岁。我住在香港。

qíng jǐng Wáng Míng hé lǎo shī dì yī cì jiàn miàn tā xiàng lǎo shī jiè shào tā zì jǐ
情景：王明和老师第一次见面，他向老师介绍他自己。

Scenario: Wang Ming and his teacher meet for the first time, and he introduces himself to the teacher.

老师：你好!

王明：1 ....

老师：你好吗？

王明：2 ....

老师：我也不错。谢谢。你叫什么名字？

王明：3 ....

老师：你多大？

王明：4 ....

老师：你是哪国人？

王明：5 ....

老师：你住在哪儿？

王明：6 ....

老师：认识你我很高兴。再见。

王明：7 ....

shí　duì huà tián kòng
十、对话填空。

Complete the dialogues.

1　A: 你好！

　　B: ....

2　A: 你好吗？

　　B: ....

3　A: 谢谢。

　　B: ....

4　A: 再见。

　　B: ....

5　A: 你叫什么名字？

　　B: ....

6　A: 你是哪国人？

　　B: ....

7　A: 你多大？

　　B: ....

8　A: 你住在哪儿？

　　B: ....

liàn xí
练习 Practice

shí yī àn zhào lì zi wèi xià liè xué shēng fēn bié xiě yí duàn zì wǒ jiè shào
十一、按照例子，为下列学生分别写一段自我介绍。

Follow the example and write a paragraph for each of the students below to help them introduce themselves.

例：

姓名	国籍	年龄	城市
林文文	中国	20岁	香港

> 你好，我姓林，叫文文。我是中国人。我二十岁。我住在香港。

1

姓名	国籍	年龄	城市
黄一明	新加坡	18岁	北京

> 早上好，我姓 ....，叫 ....。我是 .... 人，我 .... 岁。我住在 ....。

2

姓名	国籍	年龄	城市
马丽	美国	16 岁	上海

..........................., 我 ....。..........................., ...。...........................

3

姓名	国籍	年龄	城市
张大力	英国	15 岁	台北

....
....

01

十二、再看看本单元视频，用中文或拼音回答以下问题。
shí èr, zài kàn kan běn dān yuán shì pín, yòng Zhōng wén huò pīn yīn huí dá yǐ xià wèn tí

Watch this unit's video again and answer the following questions in Chinese characters or pinyin.

1 张老师姓什么？ *Zhāng lǎo shī xìng shén me* ....

2 麦可是哪国人？ *Mài kě shì nǎ guó rén* ....

3 爱丽是哪国人？ *Ài lì shì nǎ guó rén* ....

4 爱丽住在哪里？ *Ài lì zhù zài nǎ lǐ* ....

5 麦可多大？ *Mài kě duō dà* ....

6 爱丽多大？ *Ài lì duō dà* ....

小试牛刀 Ready?
xiǎo shì niú dāo

十三、角色扮演。
shí sān, jué sè bàn yǎn

Role play.

情景：开学第一天，你跟新同学自我介绍。
qíng jǐng: kāi xué dì yī tiān, nǐ gēn xīn tóng xué zì wǒ jiè shào

Scenario: On the first day of school, you are introducing yourself to your new classmates.

问题 1	你好吗？
问题 2	你姓什么？
问题 3	你叫什么名字？
问题 4	你是哪国人？
问题 5	你住在哪里？

自我评估 SELF-ASSESSMENT
zì wǒ píng gū

	☺	☻	☹
I can respond to 你好吗 and greet my classmates.			
I can ask people their names and tell them mine.			
I can ask and answer questions about nationality and where people live.			
I used appropriate vocabulary and the sentence structures I've learnt in this unit.			
I maintained good pronunciation and intonation while speaking.			

shí sì yuè dú yǐ xià duǎn wén xuǎn zé zhèng què de dá àn huí dá wèn tí

十四、阅读以下短文，选择正确的答案，回答问题。

Read the following texts, then choose the correct answer.

1 早上好，我叫麦可，我是美国人，我十六岁，住在北京。

麦可是哪国人？

A 北京 ☐ B 美国人 ☐ C 早上好 ☐ D 十六岁 ☐

2 同学们好，我是张老师。认识你们很高兴，我是中国人。我住在
美国。

张老师姓什么？

A 张 ☐ B 中 ☐ C 美 ☐ D 国 ☐

3 你们好，我叫李山，我是印度人，我住在上海。

李山住在哪里？

A 印度 ☐ B 上海 ☐ C 北京 ☐ D 美国 ☐

4 你好，我叫田中，我是日本人，我十五岁，我也住在上海。

田中多大？

A 日本人 ☐ B 田中 ☐ C 上海市 ☐ D 十五岁 ☐

家庭和宠物 jiā tíng hé chǒng wù

2 Family and pets

cí yǔ
词语 Vocabulary

zhòng diǎn
重点 Focus

yī àn zhào lì zi quān chū zhèng què de cí yǔ huò jù zi
一、按照例子，圈出正确的词语或句子。

Follow the example and circle the correct word or sentence.

例： (妈妈) 吗吗

1 二个 两个

2 不有 没有

3 云物 动物

4 弟弟 第第

5 你是哪国人？ 你是那国人？

èr bǎ Zhōng wén hé Yīng wén dā pèi qǐ lái dì yī tí shì lì zi
二、把中文和英文搭配起来。第一题是例子。

Match the Chinese with the English. The first one has been done for you.

1	吗	A	how many	
2	什么	B	what	
3	多大	C	yes-or-no question indicator	
4	几	D	how old	
5	谁	E	where	
6	有没有	F	to have or not have	
7	哪个	G	which	
8	哪儿	H	who	

语法 Grammar
yǔ fǎ

练习 Practice
liàn xí

sān   xuǎn cí tián kòng   měi gè cí kě yǐ yòng duō yú yí cì   dàn bú shì suǒ yǒu cí dōu bì xū yòng shàng

三、选词填空。每个词可以用多于一次，但不是所有词都必须用上。

Fill in the gaps using the words given. You may use each word more than once, but not all words need to be used.

个　不　没　二　两　只　岁　口

1 我叫<u>田方方</u>。今年十五 .... (years old)。我家有五 .... 人
(five people)。他们是爸爸、妈妈、.............. (two) 个哥哥和我。
我 .... 有 (don't have) 宠物。

2 我叫<u>马力</u>。今年十 .... 岁 (12 years old)。我 .... (not) 是美
<u>国</u>人。我是<u>英国</u>人。我家有三 .... 人 (three people)，爸爸、妈妈
和我。我 .... 有 (don't have) 兄弟姐妹。但是我有 .... (two)
只猫。

挑战 Challenge
tiǎo zhàn

sì   bǎ jù zi gǎi xiě chéng   ma   zi wèn jù hé   bù   shì jù

四、把句子改写成"吗"字问句和 V 不 V 式句。
　　　　　　　　　　　　　　　ma　　　　　*bù*

Change the declarative sentences into 吗 questions and V 不 V sentences.

Declarative sentence	*ma* 吗 question	*bù* V 不 V sentence
例：这是我爸爸。 →	这是你爸爸吗？ →	这是不是你爸爸？
1 他是我哥哥。 →	他是 .... 吗？ →	他是不是 .... ？
2 我有宠物。 →	你 .... 吗？ →	.... ？
3 我的奶奶是<u>英国</u>人。 →	你的奶奶 .... ？ →	.... ？
4 我们喜欢住在<u>香港</u>。 →	你们 .... →	

wǔ tián biǎo wán chéng jù zi
五、填表，完成句子。

Fill in the blanks and complete the sentences.

吗 question	是不是 or 有没有 pattern	'Yes' answer	'No' answer
例：这是 Mary 吗？ (zhè shì ... ma)	这是不是 Mary？ (zhè shì bú shì)	这是 Mary. (zhè shì)	这不是 Mary. (zhè bú shì)
那是姐姐吗？ (nà shì jiě jie ma)	那 1 .... 姐姐？ (nà ... jiě jie)	那 2 .... 姐姐。 (nà ... jiě jie)	那 3 .... 姐姐。 (nà ... jiě jie)
你有哥哥吗？ (nǐ yǒu gē ge ma)	你有没有哥哥？ (nǐ yǒu méi yǒu gē ge)	我有哥哥。 (wǒ yǒu gē ge)	我没有哥哥。 (wǒ méi yǒu gē ge)
你有宠物吗？ (nǐ yǒu chǒng wù ma)	你 4 .... 宠物？ (nǐ ... chǒng wù)	我 5 .... 宠物。 (wǒ ... chǒng wù)	我 6 .... 宠物。 (wǒ ... chǒng wù)

liàn xí
练习 Practice

liù bǎ wèn tí hé dá àn lián zài yì qǐ dì yī tí shì lì zi
六、把问题和答案连在一起。第一题是例子。

Match the questions with the answers. The first one has been done for you.

1	你叔叔多大？	A	那不是我的妹妹。那是我的姐姐。
2	你家有几口人？	B	我有一个哥哥。
3	这是谁？	C	这是我的朋友，她叫张红。
4	那是你的妹妹吗？	D	我家有五口人。
5	你是不是在伦敦出生？	E	我没有宠物。
6	你有兄弟姐妹吗？	F	我叔叔四十五岁。
7	你有没有宠物？	G	我跟妈妈唱歌。
8	你昨天跟谁唱歌？	H	不是，我在北京出生。

qī jiāng xià miàn de jù zi chóng xīn pái xù zǔ chéng yí duàn huà
七、将下面的句子重新排序，组成一段话。

Re-organise the sentences into one paragraph.

A 我们住在香港。但是哥哥现在住在上海。

B 你好！我叫林小天。

C 我的爸爸很喜欢动物，所以我们家养了三只狗和两只猫。

D 妈妈叫张英，她四十八岁。

E 这是我的一家。我家有四口人，爸爸、妈妈、哥哥和我。

F 我今年十五岁。

G 爸爸叫林大朋，他五十岁。

H 哥哥叫林大天，他十八岁。

1 .... → 2 .... → 3 .... → 4 .... →

5 .... → 6 .... → 7 .... → 8 ....

tīng shuō dú xiě liàn xí
听说读写练习 Skills

liàn xí
练习 Practice

bā yuè dú xià miàn de yí duàn wén zì huí dá wèn tí
八、阅读下面的一段文字，回答问题。

Read the text below and answer the questions.

> 我们一家有四口人：爸爸、妈妈、姐姐和我。我爸爸五十岁。我妈妈四十五岁。姐姐和我是双胞胎。我们都是十五岁。爸爸妈妈希望我们"美丽"，所以我姐姐叫林小美，我叫林小丽。我们是北京人，但是我们现在住在香港。我和姐姐都在中学上学。我们家有两只宠物。姐姐有一只猫。我有一条金鱼。它们都是我们的好朋友。我生日想要一只狗。

1 林小丽的家有几口人？

答：她的家有 .... 口人。

2 她的爸爸多大？

答：她的爸爸 .... 岁。

3 她现在住在哪里？

答：她现在 .... 。

4 林小丽和她姐姐的名字有什么意思？

答：..

5 她的家有什么宠物？

答：..

6 她生日想要什么宠物？

答：...

---

xiǎo tiē shì
小贴士 TOP TIP

双胞胎	shuāng bāo tāi	twins
希望	xī wàng	to hope
想要	xiǎng yào	to want to have
意思	yì si	meaning

jiǔ   zài kàn kan běn dān yuán shì pín   yòng Zhōng wén huò pīn yīn huí dá yǐ xià wèn tí
九、再看看本单元视频，用中文或拼音回答以下问题。

Watch this unit's video again and answer the following questions in Chinese characters or pinyin.

Lín Fēng de jiā yǒu jǐ kǒu rén
1 林风的家有几口人？

....

Mǎ Lì yǒu jǐ gè xiōng dì jiě mèi
2 马丽有几个兄弟姐妹？

....

shuí de chǒng wù shì liǎng zhī māo
3 谁的宠物是两只猫？

....

Lā Jié yǎng le shén me chǒng wù
4 拉杰养了什么宠物？

....

shí   zhǎo chū bù shǒu
十、找出部首。

Find the radicals for the following characters.

Characters	Radical	Characters	Radical
1 好 姐		5 园 团	
2 你 信		6 语 谢	
3 行 德		7 河 流	
4 唱 吃			

挑战 Challenge
tiǎo zhàn

十一、创意写作。画一张全家福或家谱，向同学介绍你的家人。
shí yī chuàng yì xiě zuò huà yì zhāng quán jiā fú huò jiā pǔ xiàng tóng xué jiè shào nǐ de jiā rén

Creative writing. Draw a family picture or family tree and write a paragraph to introduce your family members to your classmates.

- 你家有几口人？
  nǐ jiā yǒu jǐ kǒu rén

- 他们是谁？
  tā men shì shuí

- 他们叫什么名字？
  tā men jiào shén me míng zì

- 他们多大？
  tā men duō dà

- 你家有宠物吗？
  nǐ jiā yǒu chǒng wù ma

zì wǒ píng gū
自我评估 SELF-ASSESSMENT

	😊	😐	🙁
I can say how many people are in my family and who they are.			
I can clearly list the ages of my family members.			
I can describe my pet(s), including the type of animal they are, their appearance, colour and size.			
In my writing, I can use measure words correctly, including 个 , 口 , 岁 and 只 .			

xiǎo shì niú dāo
小试牛刀 Ready?

shí èr   duì huà liàn xí   yǔ tóng xué liǎng rén yì zǔ   huí dá yǐ xià wèn tí
十二、对话练习。与同学两人一组，回答以下问题。

Conversation practice. Work in pairs and answer the following questions.

家庭和宠物

1 请介绍一下你的家庭。

2 你们家有宠物吗？

3 请说一说上星期你和家人做了什么？

   ［或］

   昨天你和家人做了什么？

4 养宠物好不好？为什么？

   ［或］

   养宠物好吗？为什么？

5 你打算养其他宠物吗？为什么？

   ［或］

   你想要其他宠物吗？为什么？

十三、阅读以下短文 (A–D)。选择正确的答案, 在方格里打勾 (✓)。

Read the following short texts (A–D). Choose the one correct answer and tick the box.

A 我的爸爸叫林三峰, 他今年45岁, 在中国出生, 他是中国人。他有一个哥哥和三个姐姐。他喜欢养鱼。

B 我的妈妈叫金美丽, 她今年42岁, 是韩国人, 她在韩国出生。她的爸爸妈妈住在韩国, 他们养了三只猫。

C 我的哥哥叫林华, 他今年19岁, 他是中韩混血儿, 他也在中国出生。他现在住在美国。

D 我叫林希, 今年16岁, 是一个中学生。我在香港出生, 我和哥哥都是中韩混血儿。我想养一只兔子。

1 谁的兄弟姐妹最多?

A ☐　　B ☐　　C ☐　　D ☐

2 谁在韩国出生?

A ☐　　B ☐　　C ☐　　D ☐

3 谁在上中学?

A ☐　　B ☐　　C ☐　　D ☐

4 谁住在美国?

A ☐　　B ☐　　C ☐　　D ☐

5 谁喜欢养鱼?

A ☐　　B ☐　　C ☐　　D ☐

6 谁是混血儿?（两个人）

A ☐　　B ☐　　C ☐　　D ☐

我的每一天　wǒ de měi yì tiān

3 Everyday life

词语 Vocabulary
cí yǔ

重点 Focus
zhòng diǎn

一、按照例子，写时间或日期。
yī　àn zhào lì zi　xiě shí jiān huò rì qī

Follow the example and write the following times and dates in Chinese.

例：6:00 ➜ ....六点...................................

1　4:55 ➜ ....

2　2:30 ➜ ....

3　2 January 2025 ➜ ....

4　9 October 2026 ➜ ....

5　20 August 2027 ➜ ....

二、按照例子，圈出正确的词语。
èr　àn zhào lì zi　quān chū zhèng què de cí yǔ

Follow the example and circle the correct words.

例：⟮我们⟯ 我门

1　报纸　报子

2　狂街　逛街

3　电景院　电影院

4　什么时候　什么时侯

语法 Grammar
yǔ fǎ

重点 Focus
zhòng diǎn

三、按照例子，为下面的词语选择合适的位置。
sān àn zhào lì zi wéi xià miàn de cí yǔ xuǎn zé hé shì de wèi zhì

Follow the example and choose the appropriate position in each sentence for the word(s) given.

例：每天

我 ......A...... 六点 ......B...... 起床 ......C...... 。 | A |

1 天天

妈妈 ......A...... 晚上 ......B...... 上网买东西 ......C...... | |

2 星期天

......A...... 早上 ......B...... 我和爸爸妈妈一起去博物馆看
一个展览 ......C...... 。 | |

3 和朋友们

......A...... 我喜欢 ......B...... 一起 ......C...... 去市中心商场买东西。 | |

4 的时候

......A...... 我在 ......B...... 做作业 ......C...... ，哥哥回来了。 | |

5 以后

......A...... 吃完早饭 ......B...... 我就去 ......C...... 上学。 | |

练习 Practice
liàn xí

四、按照例子，将词语排列成句子。
sì àn zhào lì zi jiāng cí yǔ pái liè chéng jù zi

Follow the example and arrange the words into sentences.

例：我　　起床　　六点半　　天天　　早上

我天天早上六点半起床。

1 早饭　　我　　早上　　七点　　吃

_____

2 我　　上学　　八点　　十五分

_____

小贴士 TOP TIP
xiǎo tiē shì

In a Chinese sentence, a time phrase can be placed before or after the subject. For example, 星期天我去公园 and 我星期天去公园 are both grammatically correct.

3 吃　　在学校　　午饭　　我 中午　　一点

_____

4 我　　放学　　三点半　　回家

_____

5 看电视　　下午　　五点　　到　　六点半　　在家　　我

_____

6 吃晚饭　　我　　一起　　和　　爸爸妈妈　　晚上七点

_____

7 我　　做作业　　晚上　　八点

_____

8 睡觉　　四十分　　我　　晚上　　十点

_____

wǔ　àn zhào lì　zi xiě jù zi
五、按照例子写句子。

Follow the examples and complete the sentences.

"正在"

例：我看书。➡ 我 ___正在___ 看书。

1 我做作业。➡ _____

2 我妈妈看电视。➡ _____

"和……一起……"

例：我去买东西。爸爸去买东西。➡ 我 ___和___ ___爸爸___ ___一起___ 去买东西。

3 我去看电影。弟弟去看电影。➡ _____

4 我打乒乓球。朋友打乒乓球。➡ _____

……的时候,……

例：我六岁。我喜欢听音乐。➡ 我六岁 ___的时候___,喜欢听音乐。

5 弟弟两岁。他喜欢睡觉。➡ _____

6 我在看书。妈妈正在看报纸。➡ _____

挑战 Challenge
tiǎo zhàn

liù   àn zhào lì zi   gēn jù kuò hào nèi de tí shì   huí dá wèn tí
六、按照例子，根据括号内的提示，回答问题。

Follow the example and answer the questions based on the information in the brackets.

例：问：弟弟玩电脑游戏玩了多长时间？（下午 8:00–下午 9:00）

答：弟弟玩电脑游戏玩了 ………………………… 一个小时 …………………………。

1   问：姐姐做作业做了多长时间？（下午 7:00–下午 7:30）

   答：姐姐做作业 ………………………… 了 …………………………

2   问：妹妹吃早饭吃了多长时间？（早上 6:00–早上 6:15）

   答：…………………………………………………………………………

3   问：哥哥几点睡觉？（晚上 12:00）

   答：…………………………………………………………………………

4   问：妈妈什么时候去买东西？(Sunday)

   答：…………………………………………………………………………

5   问：你什么时候和朋友一起去看电影？(last week)

   答：…………………………………………………………………………

qī   àn zhào lì zi   cóng gé zi zhōng quān chū zhì shǎo wǔ gè hé rì cháng shēng huó yǒu guān de jù zi   rán hòu fān yì
七、按照例子，从格子中 圈出至少五个和日常 生活有关的句子，然后翻译。

Follow the example and circle at least five sentences to do with daily life in the chart, then translate them into English.

我	和	丽	丽	一	起	看	电	影	他
要	王	英	住	在	英	国	听	喜	不
买	明	天	我	做	作	业	欢	妈	爱
东	天	你	好	吗	不	跳	音	乐	看
西	天	几	好	吗	舞	没	有	玩	电
商	八	点	姐	姐	天	天	看	电	视
场	点	去	你	有	什	么	爱	好	脑
很	上	滑	什	么	时	候	怎	么	样
热	课	冰	她	喜	欢	玩	游	戏	是
闹	东	东	晚	上	十	点	睡	觉	个

例：我要买东西。I want to go shopping.

1 ....
2 ....
3 ....
4 ....
5 ....

tīng shuō dú xiě liàn xí
听说读写练习 Skills

liàn xí
练习 Practice

bā dú xià miàn de wén zì rán hòu àn zhào lì zi quān chū zhèng què dá àn huí dá wèn tí
八、读下面的文字，然后按照例子，圈出正确答案，回答问题。

Read the text, then follow the example and circle the correct answers.

我叫英英。我住在北京，今年十五岁，上中学三年级。今年我很忙，不管是平时还是周末。

平时早上，我六点半起床，七点吃早饭，七点半走路去学校。八点十分开始上课。中午十二点吃午饭。下午三点半放学。放学后，我和朋友小美一起去学钢琴。六点回家。我通常看一小时电视或玩电脑游戏。七点半和父母一起吃晚饭。晚饭后做作业，作业很多。晚上十点半睡觉。

xiǎo tiē shì
小贴士 TOP TIP

不管……还是……	bù guǎn …… hái shì ……	no matter … or …
平时	píng shí	normal times; weekdays

例：英英今年多大？

(A) 十五岁　　　　　B 十三岁　　　　　C 三岁

1 英英什么时候很忙？

A 平时　　　　　B 周末　　　　　C 每天

2 <u>英英平时早上几点起床？</u>

    A 六点半   **B** 七点   **C** 七点半

3 <u>英英每天几点吃午饭？</u>

    A 12:30   **B** 12:00   **C** 13:00

4 <u>英英每天晚上做什么？</u>

    A 玩电脑游戏   **B** 做作业   **C** 弹钢琴

tiǎo zhàn
挑战 Challenge

jiǔ nǐ jiāo le yí gè bǐ yǒu gěi tā tā xiě xìn jiè shào yí xià nǐ yì tiān de shēng huó xìn lǐ shuō shuo
九、你交了一个笔友。给他 / 她写信介绍一下你一天的生活。信里说说：

You have made a pen pal. Write a letter to him/her introducing your everyday life. Talk about:

1 你每天几点起床？

2 你每天几点上学？

3 你放学以后做什么？

4 你做多长时间的作业？

5 周末你和家人在一起做什么？

....

....

....

....

....

zì wǒ píng gū
自我评估 SELF-ASSESSMENT

	☺	☺	☹
I know the vocabulary for the things I do regularly and can describe my daily life.			
I know how to talk about times and the days of the week.			
I can write a letter in Chinese.			
I can answer questions using full sentences.			

练习 Practice
liàn xí

十、用中文采访同学们关于他们周末的活动，然后向大家报告一下调查
shí yòng Zhōng wén cǎi fǎng tóng xué men guān yú tā men zhōu mò de huó dòng rán hòu xiàng dà jiā bào gào yí xià diào chá

结果。
jié guǒ

Interview your classmates in Chinese about their weekend activities and then share the survey results with everyone.

	同学1名字：.........................	同学2名字：.........................	同学3名字：.........................	同学4名字：.........................
1 周末几点起床？				
2 周末做什么活动？				
3 有没有看电影或电视？				
4 喜欢的周末食物是什么？				
5 周末几点睡觉？				

03

十一、再看看本单元视频，用中文或拼音填写吴海的一天。
shí yī zài kàn kan běn dān yuán shì pín yòng Zhōng wén huò pīn yīn tián xiě Wú Hǎi de yì tiān

Watch this unit's video again and fill in Wu Hai's daily routine in Chinese characters or pinyin.

时间 Time shí jiān	活动 Activity huó dòng
早上七点	1
早上七点半	2
3	去学校
4	吃午饭
下午三点一刻	5
晚饭后	6
晚上十点	7

xiǎo shì niú dāo
小试牛刀 Ready?

shí èr　yuè dú yǐ xià de wén zì　rán hòu huí dá wèn tí
十二、阅读以下的文字，然后回答问题。

Read the passage below, then answer the questions.

> 我叫明明。我住在上海。今年十四岁，上中学二年级。
>
> 每天早上我八点起床，八点三十分吃早饭。九点骑自行车去学校。我九点半开始上课。中午十二点一刻吃午饭，下午三点半放学。放学后，我要去上英语课。下午五点三刻下课回到家。我会休息一会儿，吃点水果。六点半，我和爸爸妈妈一起吃晚饭。吃完晚饭，我就开始写作业。我每天晚上都要写到九点半，因为作业有点多。我晚上十点上床睡觉。
>
> 周末，我也很忙。星期六上午我要看书，下午我去公园。

1　明明住在什么地方？ ....

2　明明每天早上几点起床？ ....

3　明明是怎么去学校的？ ....

4　明明几点开始上课？ ....

5　明明放学后去做什么？ ....

6　明明和爸爸妈妈几点一起吃晚饭？ ....

7　明明写作业到什么时候？ ....

8　明明周末上午做什么？ ....

十三、用中文写80–100个字，谈一谈你的一天。写一写：

Write 80–100 characters in Chinese about your daily routine:

1 你几点起床？

2 几点上学？几点放学？

3 你什么时候吃晚饭？

4 晚饭以前你做什么？

5 晚饭以后你做什么？

....

....

....

....

....

....

....

....

....

爱好　ài hào
4 Hobbies

词语 Vocabulary
cí yǔ

重点 Focus
zhòng diǎn

一、翻译以下词语，并写出拼音。
yī fān yì yǐ xià cí yǔ bìng xiě chū pīn yīn

Translate the following words into Chinese, writing the pinyin next to the Chinese characters.

1　hobby ....（汉字）........................（拼音）

2　movie ....（汉字）........................（拼音）

3　TV ....（汉字）........................（拼音）

4　to go online ....（汉字）........................（拼音）

5　to swim ....（汉字）........................（拼音）

6　volleyball ....（汉字）........................（拼音）

7　to go hiking ....（汉字）........................（拼音）

8　to dance ....（汉字）........................（拼音）

练习 Practice
liàn xí

二、用下列词语填空，每个词只能用一次。
èr yòng xià liè cí yǔ tián kòng měi gè cí zhǐ néng yòng yí cì

Use the words provided to fill in the gaps. Each word should be used only once.

不　　没　　非常　　总是

1　我 .... 去滑冰，我去滑雪。

2　弟弟觉得放风筝 .... 好玩儿。

3　这个电影很 .... 有意思。

4　爸爸 .... 帮奶奶上网买东西。

sān fān yì kuò hào lǐ de cí yǔ   wán chéng jù zi
三、翻译括号里的词语，完成句子。

Translate the words in brackets and complete the sentences.

1 我每天上网上 .... (1 hour)。

2 我唱歌唱了 .... (3 years)。

3 妹妹每天滑冰滑 .... (30 minutes)。

4 我和妈妈逛街逛了 .... (5 hours)。

5 哥哥住在中国 .... (two months) 了。

6 电影 .... (eight o'clock) 开始。

7 我 .... (every Friday) 去游泳。

8 .... (yesterday) 爸爸去北京。

9 爸爸去北京 .... (for one day) 了。

10 妈妈 .... (every day) 散步。

yǔ fǎ
语法 Grammar

zhòng diǎn
重点 Focus

sì   tián biǎo   jiāng xià liè jù zi fān yì chéng Zhōng wén
四、填表，将下列句子翻译成中文。

Fill in the table to translate the sentences into Chinese.

English		Topic	Repeat the verb	多长时间？
例：How long do you read a book for?		你看书	看	多长时间？
1	How long do you go online for?	你上网		多长时间？
2	How long do you watch TV for?	你看电视		
3	How long do you do exercise for?			

xiǎo tiē shì
小贴士 TOP TIP

To master the verb-duplication formula for duration questions:

- Start with the action phrase (for example, 看电视 'watch TV')
- Repeat the verb (看)
- Add 多长时间 'how long?'

➜ 看电视看多长时间? 'How long do you watch TV for?'

And, to answer:

- Place time units after the repeated verb (for example, 看电视看三十分钟 'watch TV for 30 minutes' ✓).

Key rule: No verb repeat? Your score retreats!

liàn xí
练习 Practice

wǔ　　àn zhào lì zi hé tí shì　yòng　　yì biān　　　　yì biān　　　　　de jù xíng zào jù
五、按照例子和提示，用"一边……一边……"的句型造句。

Follow the example and use the prompts in the brackets to make new sentences with 一边……一边…….

例：（我　上网　听音乐）➜ ....我一边上网，一边听音乐。........

1　（妹妹　唱歌　跳舞）➜ ....

2　（奶奶　小时候　工作　学习）➜ ....

3　（爷爷　吃早饭　看报）➜ ....

liù　　　àn zhào lì zi chóng zǔ cí yǔ　　xiě jù zi
六、按照例子重组词语，写句子。

Follow the example and reorder the words to make complete sentences.

例：我 / 不好 / 游泳 / 游 / 得 ➜ ....我游泳游得不好。........

1　画画儿 / 姐姐 / 画 / 非常好 / 得 ➜ ....

2　不错 / 他 / 打 / 得 / 打网球 ➜ ....

3　一个小时 / 我 / 上 / 每天 / 上网 ➜ ....

4　常常 / 去 / 生日会 / 弟弟 / 朋友的 ➜ ....

挑战 Challenge
tiǎo zhàn

七、将下面句子中的动词替换为提供的动词短语，并写出你的新句子。
qī jiāng xià miàn jù zi zhōng de dòng cí tì huàn wéi tí gōng de dòng cí duǎn yǔ bìng xiě chū nǐ de xīn jù zi

Substitute the verbs in the base sentences below with the verb phrases provided and write your new sentences.

唱歌 跳舞 写书法 画画 游泳 打网球

小贴士 TOP TIP
xiǎo tiē shì

Remember, in the 得 structure, you cannot skip verb duplication!

1 我唱得很好。➔ .... 。

2 你画得怎么样? ➔ .... ?

3 我妈妈打得很好。➔ .... 。

4 哥哥游得很快。➔ .... 。

5 姐姐跳得怎么样? ➔ .... ?

6 爸爸写得很好看。➔ .... 。

听说读写练习 Skills
tīng shuō dú xiě liàn xí

重点 Focus
zhòng diǎn

八、角色扮演。写问题。给回答中的画线部分提问。
bā jué sè bàn yǎn xiě wèn tí gěi huí dá zhōng de huà xiàn bù fen tí wèn

Role play. Write down the questions. Note that the key answers are underlined, so you should ask questions to match them.

在一个生日会，你和朋友在谈论爱好。

你: **1** .... ?

朋友: 我喜欢<u>看电影和游泳</u>。

你: **2** .... ?

朋友: 我<u>每个星期五</u>看电影。

你: **3** .... ?

朋友: 我游泳游了<u>五年</u>了。

你: **4** .... ?

朋友: 我<u>不会</u>打网球。

你：　**5** .... ?

朋友：我<u>不喜欢钓鱼</u>，<u>因为</u>我觉得钓鱼没意思。

练习 Practice
liàn xí

jiǔ zhǎo chū bù shǒu
九、找出部首。

Find the radicals for the following characters.

Characters	Radical	Characters	Radical
1　昨　明		4　眼　睡	
2　点　热		5　踢　路	
3　吗　叫		6　打　拉	

重点 Focus
zhòng diǎn

shí xià miàn shì Lǐ Nà de xīng qī tiān jì huà dú yi dú huí dá wèn tí
十、下面是<u>李那</u>的星期天计划，读一读，回答问题。

Here is Li Na's schedule for Sunday. Read it and answer the questions.

李那的星期天	
8:00	起床
8:30–9:00	吃早饭
9:00–10:00	看书
10:00–12:00	游泳
12:00–13:00	吃午饭
13:00–15:00	做作业
15:00–17:30	和妈妈一起去买东西
17:00–18:30	玩电子游戏
18:30–20:00	吃晚饭
20:00–22:00	看电视
22:30	睡觉

1 李那几点起床？

   ....

2 李那看书看多长时间？

   ....

3 下午两点半的时候，李那做什么？

   ....

4 李那什么时候游泳？

   ....

5 晚上七点半的时候，李那做什么？

   ....

6 下午，李那和谁一起去买东西？

   ....

7 李那玩电子游戏玩多长时间？

   ....

挑战 Challenge
tiǎo zhàn

shí yī   zài Zhōng wén shì pín wǎng zhàn shàng sōu suǒ yí gè Zhōng wén bó zhǔ de shì pín   xuǎn zé yí gè yǔ yùn dòng huò xiū

十一、在中文视频网站上搜索一个中文博主的视频，选择一个与运动或休

xián huó dòng   rú pá shān   dǎ lán qiú huò huà huà   xiāng guān de bó kè nèi róng

闲活动（如爬山、打篮球或画画）相关的博客内容。

Search for a Chinese blogger's video on a Chinese video-sharing website and choose a blog post related to sports or leisure activities (such as hiking, playing basketball or drawing).

1 写下视频中提到的五个爱好或活动。Write down five hobbies or activities mentioned in the video.

   ....

2 找出你不认识的词语，并写在这里。Find any words you don't know and write them down here.

   ....

3 博主最喜欢做什么活动？

   ....

小贴士 TOP TIP
xiǎo tiē shì

You can also try to imitate the vlogger and record a video of yourself talking about your own hobbies.

4 博主多久做一次这种活动？

....

5 博主是一个人做这个活动，还是和别人一起做？

....

liàn xí
练习 Practice

04

shí èr   zài kàn kan běn dān yuán shì pín   hé tóng xué tǎo lùn yǐ xià de wèn tí
十二、再看看本单元视频，和同学讨论以下的问题。

Watch this unit's video again and discuss the following questions with your classmates.

1 李星每天早上做什么？

2 周末的时候，李星和弟弟一起做什么运动？

3 李星的弟弟打羽毛球打得怎么样？

4 陈丽丽周末做什么？

5 你同意做运动对健康有好处吗？为什么？

6 如果你要给李星推荐一个新活动，你会推荐什么？为什么？

xiǎo tiē shì
小贴士 TOP TIP

博主	bó zhǔ	blogger
推荐	tuī jiàn	to recommend

挑战 Challenge

十三、给中国笔友写一封信，信里说说：

Write a letter to your Chinese pen pal, talking about:

1 你有什么爱好？

2 你什么时候做这个活动？

3 你做这个活动做了多长时间？

4 你和谁一起做这个活动？

5 你为什么喜欢这个活动？

用中文写80–100个字。

....

....

....

....

....

....

....

....

....

....

....

自我评估 SELF-ASSESSMENT

	☺	😐	☹
I can talk about when I do certain activities.			
I can say how long I have been doing an activity.			
I can talk about who I do activities with.			
I can explain why I like certain activities.			
I can use time expressions such as 'every weekend' and 'every evening'.			

小试牛刀 Ready?
xiǎo shì niú dāo

shí sì　Wáng Míng zài jiè shào tā de ài hào　yuè dú xià miàn de yǎn jiǎng　pàn duàn tā duì yǐ xià wèn tí de kàn fǎ shì
十四、王明在介绍他的爱好。阅读下面的演讲，判断他对以下问题的看法是：

zhèng miàn de　　　fù miàn de huò　zhèng miàn hé fù miàn de dōu yǒu　zài zhèng què de fāng gé lǐ dǎ gōu
A 正面的，B 负面的或 C 正面和负面的都有。在正确的方格里打勾
(✓)。

Wang Ming is introducing his hobbies. Listen to the speech and determine if his opinions on the following topics are: (A) positive, (B) negative or (C) both positive and negative.

大家好，今天我想说一说我的爱好。

我有很多爱好，比如打篮球、看电影和滑冰。

我最喜欢打篮球。我常常和朋友一起打篮球，我们觉得篮球很有意思，还可以锻炼身体。

看电影也是我的爱好。我喜欢看流行电影，有时候也看古典音乐的电影。我觉得流行电影很好玩儿，但是古典音乐的电影有点没意思。

滑冰是我最近开始学习的。我觉得滑冰很有趣，可是有时候会摔倒，摔倒的时候我很难过。

总的来说，我有很多爱好。你有什么爱好？期待你的分享。

1　打篮球

　　正面的 ☐　　　　负面的 ☐　　　　正面和负面都有 ☐

2　流行电影

　　正面的 ☐　　　　负面的 ☐　　　　正面和负面都有 ☐

3　古典音乐的电影

　　正面的 ☐　　　　负面的 ☐　　　　正面和负面都有 ☐

4　滑冰

　　正面的 ☐　　　　负面的 ☐　　　　正面和负面都有 ☐

shí wǔ　　　nǐ de lǎo shī zhèng zài zuò yí gè guān yú xué shēngxìng qù ài hào de diào chá　　tián xiě xià miàn de biǎo gé
十五、你的老师正在做一个关于学生兴趣爱好的调查。填写下面的表格，

gào sù lǎo shī nǐ de xìng qù ài hào hé xiāngguān xìn xī
告诉老师你的兴趣爱好和相关信息。

Your teacher is conducting a survey about students' hobbies. Fill out the form below to share your hobbies and related information.

兴趣爱好调查表

姓名	马丽丽
性别	女
年级	十一年级
你的爱好是什么？（写一个）	1
你什么时候做这个活动？	2
每次做多长时间？	3
你通常和谁一起进行这个活动？	4
你在哪里进行这个活动？	5
为什么喜欢这个爱好？	6

饮食 yǐn shí
5 Eating and drinking

词语 Vocabulary
cí yǔ

重点 Focus
zhòng diǎn

一、翻译以下词语，并写出拼音。
yī fān yì yǐ xià cí yǔ bìng xiě chū pīn yīn

Translate the following words into Chinese, writing pinyin next to the Chinese characters.

1　fruit　..............................（汉字）..............................（拼音）

2　bread　..............................（汉字）..............................（拼音）

3　cake　..............................（汉字）..............................（拼音）

4　banana　..............................（汉字）..............................（拼音）

5　apple　..............................（汉字）..............................（拼音）

6　beef　..............................（汉字）..............................（拼音）

7　milk　..............................（汉字）..............................（拼音）

8　rice　..............................（汉字）..............................（拼音）

9　noodles　..............................（汉字）..............................（拼音）

10　orange　..............................（汉字）..............................（拼音）

二、回答以下问题，给词语分类。
èr huí dá yǐ xià wèn tí gěi cí yǔ fēn lèi

Answer the following questions and put the words in the correct column.

白菜　水　点心　薯条　葡萄　橙子汁　汤　热狗
鸡蛋　草莓　饼干　咖啡　西瓜　茶　蔬菜

1　什么是食物？	2　什么是水果？	3　什么是饮料？

liàn xí
练习 Practice

sān xuǎn zé zhèng què de cí wán chéng jù zi jiāng zì mǔ tián rù fāng gé zhōng
三、选择正确的词，完成句子。将字母填入方格中。

Choose the correct words to complete the following sentences. Fill in each box
with the corresponding letter.

1 我喜欢 .... 牛奶。 □

   A 喝   B 吃   C 渴

2 我觉得面包不好 .... 。 □

   A 喝   B 吃   C 渴

3 你觉得这个餐厅 .... ？ □

   A 为什么   B 怎么样   C 什么

4 在 .... ，你可以吃很多中国菜。 □

   A 哪儿   B 这   C 那儿

5 你想去 .... 吃饭？ □

   A 哪儿   B 那儿   C 这

sì xuǎn zé zhèng què de cí tián kòng měi gè cí zhǐ néng yòng yí cì
四、选择正确的词填空，每个词只能用一次。

Choose the correct word to fill in each gap. Each word should be used only once.

要	但是	太	觉得	和	去
都	在	也	想		

昨天上午，我1 .... 爸爸一起2 .... 了一个<u>中国</u>餐厅吃饭。
3 .... 这个餐厅，我点了一盘牛肉和一碗酸辣汤。爸爸
4 .... 吃米饭，他点了两碗米饭，一盘鱼和绿茶。

我5 .... 那个<u>中国</u>餐厅不错。我和爸爸6 .... 喜欢那儿
的牛肉和鱼，7 .... 我觉得酸辣汤8 .... 辣了。爸爸
9 .... 不喜欢酸辣汤，他说："我们明天再来这个餐厅，但是不
10 .... 酸辣汤。"

语法 Grammar
yǔ fǎ

练习 Practice
liàn xí

五、用下列量词填空，每个词只能用一次。
wǔ yòng xià liè liàng cí tián kòng měi gè cí zhǐ néng yòng yí cì

Use the measure words provided to fill in the gaps. Each word should be used only once.

包 盒 盘 碗 块 杯 瓶 袋

1 你要几 .... 薯片？

2 妈妈买了一 .... 生日蛋糕。

3 这 .... 水是我的。

4 奶奶做了一 .... 酸辣汤。

5 爸爸喝了三 .... 茶。

6 弟弟吃了两 .... 冰淇淋。

7 在餐馆，我们点了五 .... 菜。

8 我要买一 .... 大米。

挑战 Challenge
tiǎo zhàn

六、改错句。
liù gǎi cuò jù

Correct the sentences.

1 你吃鸡肉还是鱼肉吧？

   ....

2 你喜欢吃中国菜呢？

   ....

3 我们一起去餐厅吃饭呢？

   ....

4 我是日本人，你了？

   ....

5 我喜欢吃绿茶还是红茶？

....

七、用 "......还是......" 的句型翻译句子。

qī yòng hái shì de jù xíng fān yì jù zi

Translate the sentences using the pattern ......还是......

1 Do you like apples or oranges?

....

2 Do you want to drink coffee or tea?

....

3 Would you like noodles or rice?

....

4 Are you Chinese or Japanese?

....

5 Do you like singing or dancing?

....

听说读写练习 Skills
tīng shuō dú xiě liàn xí

挑战 Challenge
tiǎo zhàn

八、读下面的食评，判断以下句子"对"还是"错"。
bā dú xià miàn de shí píng pàn duàn yǐ xià jù zi duì hái shì cuò

Read the food reviews and decide whether the following statements are 'true' or 'false'.

星期二餐厅

网友一	★★★★★	这个餐厅很漂亮，也有很多好吃的西餐。我非常喜欢这儿的鸡肉汉堡包。我想明天再来这家餐厅。
网友二	★★☆☆☆	昨天我和爸爸、妈妈一起来这个餐厅吃饭。这家餐厅很漂亮，服务员也不错，但是，我不喜欢这儿的土豆，太咸了!
网友三	★★★★☆	我每天早上都在这儿吃早饭。这儿的早饭很好吃，我喜欢水果酸奶和面包。但是我不喜欢他们的午饭和晚饭。

		对	错
1	网友一喜欢鸡肉汉堡包。	☐	☐
2	网友二不喜欢这儿的服务员。	☐	☐
3	网友二觉得土豆不好吃。	☐	☐
4	网友三天天在这儿吃晚饭。	☐	☐

九、将句子排序成为一个对话。第一个和最后一个句子已经选出。
jiǔ jiāng jù zi pái xù chéng wéi yí gè duì huà dì yī gè hé zuì hòu yí gè jù zi yǐ jīng xuǎn chū

Re-organise the sentences to turn them into a dialogue. The first and the last sentences have been done for you.

情景：张明和吴文去餐厅吃饭。
qíng jǐng Zhāng Míng hé Wú Wén qù cān tīng chī fàn

Scenario: Zhang Ming and Wu Wen are in a restaurant for dinner.

张明		吴文	
A	我想喝可乐。	F	好的。你想吃什么？
B	我想吃米饭。你呢？	G	我喜欢吃鸡肉。你呢？
C	我们点菜吧。	H	这里的包子很好吃，所以我想吃包子。
D	我也喜欢吃鸡肉。我们喝什么？	I	好的。服务员，请你来我们这儿。我们要点菜。
E	你喜欢吃牛肉还是鸡肉？	J	我喝果汁，你呢？

张明：1　C 我们点菜吧。

吴文：2　...

张明：3　...

吴文：4　...

张明：5　...

吴文：6　...

张明：7　...

吴文：8　...

张明：9　...

吴文：10　I 好的！服务员，请你来我们这儿，我们要点菜。

liàn xí
练习 Practice

shí　qíng jǐng duì huà
十、情景对话。

Role play.

lǎo shī　nǐ de Zhōng guó tóng xué　　　nǐ　zài Zhōng guó xué xí de xué shēng
A　老师：你的中国同学　　B　你：在中国学习的学生

qíng jǐng　nǐ zài Zhōng guó　　nǐ dì yī cì hé nǐ de Zhōng guó tóng xué jiàn miàn　nǐ men tán lùn zài Zhōng guó de
情景：你在中国。你第一次和你的中国同学见面。你们谈论在中国的

yǐn shí
饮食。

Scenario: You are in China. You are meeting your Chinese classmate for the first
time. You are talking about eating and drinking in China.

A1: 你是哪国人？

B1: ....

A2: 现在你住在哪个城市？

B2: ....

A3: 你每天几点吃晚饭？在哪儿吃？

B3: ....

A4: 你喜欢喝果汁还是牛奶？

B4: ....

A5: 你喜欢吃中国菜吗？为什么？

B5: ....

05

shí yī zài kàn kan běn dān yuán shì pín yòng Zhōng wén huò pīn yīn huí dá yǐ xià wèn tí
十一、再看看本单元视频，用中文或拼音回答以下问题。
Watch this unit's video again and answer the following questions in Chinese characters or pinyin.

1 谁做的汤很好喝？

....

2 晚饭后小新喜欢吃什么？

....

3 小美最爱吃什么？

....

4 小武喜欢喝什么？

....

5 小文喜欢吃什么水果？

....

6 谁喜欢喝果汁？

....

7 你觉得"早吃好，午吃饱，晚吃少"好吗？为什么？

....

十二、用中文写80–100个字介绍一个你去过的餐厅，你要说说：

Write 80–100 characters in Chinese to introduce a restaurant you have been to.
You should talk about:

- 那个餐厅是中餐厅还是西餐厅？
- 你什么时候去过那个餐厅？
- 你和谁一起去过那个餐厅？
- 那个餐厅有什么菜？
- 你们点了什么菜？
- 你喜欢什么菜？
- 你觉得那个餐厅怎么样？为什么？

....
....
....
....
....
....
....
....
....
....

小试牛刀 Ready?

十三、对话练习。与同学两人一组，回答以下问题。

Conversation practice. Work in pairs and answer the following questions.

1 你早餐一般喜欢吃什么？

2 你喜欢喝酸奶还是牛奶？

3 说说你上次去餐厅的经历。比如，你点了什么？

［或］

你最近去了什么餐厅吃饭？你吃了什么？喝了什么？

4 你觉得健康饮食对你重要吗? 为什么?

[或]

你觉得吃什么比较健康? 为什么?

5 你觉得吃甜品有什么好处或者坏处? 为什么?

[或]

你喜不喜欢吃甜品? 为什么?

自我评估 zì wǒ píng gū SELF-ASSESSMENT

	☺	😐	☹
I can answer questions about what I eat at mealtimes.			
I can describe different foods.			
I can share my experiences of eating at restaurants, including what dishes I ordered.			
I can talk about healthy eating and explain its importance to me.			
I can discuss the advantages and disadvantages of eating certain foods.			

十四、阅读以下短文 (A–D)。选择正确的答案。
shí sì yuè dú yǐ xià duǎn wén xuǎn zé zhèng què de dá àn

Read the following texts (A–D), and choose the one correct answer for each question.

A 我的爷爷今年70岁，是新加坡人。他最喜欢吃新加坡的海南鸡饭和喝鸡汤。每一年的年夜饭他一定会做海南鸡给他的家人吃。

B 我的奶奶今年65岁，是马来西亚人。马来西亚人喜欢吃糕点，五颜六色的糕点又好看又好吃。她喜欢在吃饭后吃一块椰子糕和喝一杯茶。

C 我的父母都是43岁，他们是在美国读大学时认识的。他们从小就很喜欢吃快餐，比如汉堡包、比萨饼、三明治和炸鸡等等。我们一个星期会去一次快餐店吃快餐。

D 我叫凤凤，今年16岁，我在香港出生和长大。我最喜欢去茶餐厅吃炒面和炒饭。我也喜欢吃海南鸡饭。吃完饭后我喜欢跟奶奶一起吃甜品，但是我吃巧克力冰淇淋。

1 谁喜欢吃冰淇淋?

A ☐　　　　B ☐　　　　C ☐　　　　D ☐

2　谁在<u>美国</u>学习?

A ☐　　　　B ☐　　　　C ☐　　　　D ☐

3　谁喜欢喝茶?

A ☐　　　　B ☐　　　　C ☐　　　　D ☐

4　谁喜欢去茶餐厅?

A ☐　　　　B ☐　　　　C ☐　　　　D ☐

5　谁喜欢喝汤?

A ☐　　　　B ☐　　　　C ☐　　　　D ☐

> **Part B**

gè　rén　yǔ　shè　huì

个人与社会
Personal and social life

健康与运动　jiàn kāng yǔ yùn dòng

6 Health and fitness

词语 Vocabulary

重点 Focus

一、翻译以下词语，并写出拼音。

Translate the following words into Chinese, writing pinyin next to the Chinese characters.

1 eyes ....（汉字）.................................（拼音）

2 nose ....（汉字）.................................（拼音）

3 ear ....（汉字）.................................（拼音）

4 skin ....（汉字）.................................（拼音）

5 head ....（汉字）.................................（拼音）

6 teeth ....（汉字）.................................（拼音）

7 finger ....（汉字）.................................（拼音）

8 foot ....（汉字）.................................（拼音）

9 leg ....（汉字）.................................（拼音）

10 heart ....（汉字）.................................（拼音）

二、将相反意思的词搭配起来。第一题是例子。

Match the words with opposite meanings.
The first one has been done for you.

1	好看		A	丑
2	美		B	少
3	高		C	难看
4	多		D	胖
5	瘦		E	短
6	长		F	矮

练习 Practice

三、阅读下面的文字，选择正确的句子填空。

Read the text below, and choose the correct sentence to fill each gap.

A 你怎么了？

B 我觉得非常疼。

C 我们去医院。

D 明天可以出院吗？

E 请你帮助我！

> 今天，我和朋友打网球的时候，我的脚受伤了。**1** ....
>
> 我的朋友打电话给医院。他说："我的朋友受伤了，**2** .... "
> 一个护士问我："**3** .... " 我说："我的脚流血了。"
>
> 十分钟以后，救护车来了。医生也来了。我对医生说："**4** .... "
>
> 在医院，医生说："你受伤不严重，但是你要吃药，休息。今天晚上要
> 住院。"我问："**5** .... "
>
> 医生说："可以。"

语法 Grammar

练习 Practice

四、按照例子，用下面的词和"又……又……"的句型翻译句子。

Follow the example and use the words provided and the 又……又…… sentence structure to translate the sentences.

例：牙齿，白，漂亮。牙齿又白又漂亮。...

1 哥哥，高，瘦 ....

2 妈妈，年轻，漂亮 ....

3 我，昨天，发烧，咳嗽 ....

4 妹妹的头发，长，漂亮 ....

5 弟弟，唱歌，跳舞 ....

挑战 Challenge

五、用 subject + 很 / 不 + stative verb 翻译下面的句子。

Use the sentence structure subject+ 很 / 不 + stative verb to translate the sentences.

1 My mum is tall. ....

2 The teacher is slim. ....

3 I am not very well. ....

4 The movie is interesting. ....

5 The restaurant is good. ....

6 His eyes are big. ....

听说读写练习 Skills

练习 Practice

六、四个中学生在谈论健康。读下面的文字，回答问题。

Four students are talking about health. Read the text below and answer
the questions.

李小红：

我喜欢做运动，因为运动对身体好。我每个星期二、五踢足球，星期一、三打篮球。

田力：

小时候我常常生病。我五岁的时候学会了游泳。从那以后，我很少生病了。现在我游泳游得非常好。

张海：

我爸爸喜欢抽烟。可是我希望我爸爸不要吸烟，因为吸烟对身体不好。

黄文：

我不喜欢运动。我经常生病。我非常不喜欢打针和吃药，因为打针很疼，吃药很苦。

1 <u>李小红</u>什么时候踢足球?

....

2 <u>田力</u>现在游泳游得怎么样?

....

3 <u>张海</u>为什么希望爸爸不要吸烟?

....

4 <u>黄文</u>的身体怎么样?

....

5 <u>黄文</u>喜欢打针和吃药吗? 为什么?

....

挑战 Challenge

七、搜寻一些政府机构或非政府组织的网站，这些网站可能会有一些教青少
年如何保持身体健康的视频。找出这些视频，看看你能听懂多少内容，
并把新学到的词汇写在笔记本里。

Search for the websites of government agencies or non-governmental organisations
which may have videos teaching teenagers how to maintain their physical health.
See how much of the content you can understand and write down any new
vocabulary you learn here.

小贴士 TOP TIP
The internet provides numerous authentic language learning materials, and you should make good use of them.

....

....

....

练习 Practice

八、（一）选择正确的句子，完成对话。

Choose the correct sentences to complete the dialogue.

情景：你感冒了，在医院和医生谈话。

A 我晚上十二点睡觉。

B 头疼，发烧。

C 不疼。

D 米饭，面条和可乐。

E 我天天做运动。

医生：你哪儿不舒服？

你： **1** ....

医生：你肚子疼吗？

你： **2** ....

医生：你昨天吃了什么？

你： **3** ....

医生：你晚上几点睡觉？

你： **4** ....

医生：你每个星期做几次运动？

你： **5** ....

（二）完成对话。

Complete the dialogue.

情景：你咳嗽了，在中医诊所跟中医师田那谈话。

田那：你哪儿不舒服？

你： 我咳嗽了。

田那：你什么时候开始咳嗽？

你： **1** ....

田那：一般早上还是下午咳嗽？

你： **2** ....

田那：昨天吃了什么？

你： **3** ....

田那：你每个星期做几次运动？

你： **4** ....

田那：你平常在哪里跑步？

你： **5** ....

田那：你要多喝水，多休息，以后要多做运动。

> **小贴士 TOP TIP**
>
> 你们写完对话后，可以两人一组，把对话朗读出来。这对你的口语有帮助！
>
> After you finish writing the dialogues, you can pair up and read them out loud. This will help improve your Chinese spoken language!

挑战 Challenge

九、角色扮演：两人一组，用以下情景组织对话。

Role play: Work in pairs and use the prompts provided to create a dialogue.

A: 医生
- 问病人发生了什么事情
- 告诉他 / 她要住院
- 他 / 她要吃药，多休息

B: 病人
- 早上跟朋友踢足球
- 弄伤腿
- 流了很多血，很疼

自我评估 SELF-ASSESSMENT

	☺	😐	☹
I can describe health problems and injuries.			
I can ask and answer questions about health.			
I can use key vocabulary related to health, such as body parts, injuries and treatments.			
I can create and perform a dialogue in pairs using provided prompts.			

重点 Focus

十、找出部首。

Find the radicals for the following characters.

Character		Radical	Character		Radical
1	疾		6	粒	
2	病		7	石	
3	草		8	饭	
4	药		9	地	
5	广		10	痛	

练习 Practice

06

十一、再看看本单元视频，和同学讨论以下的问题。

Watch this unit's video again and discuss the following questions with your classmates.

1 周心为什么去看医生？医生建议他做什么？

2 周心在家里做了什么？他为什么要写病假条？

3 周心康复后想做什么来保持身体健康？

小试牛刀 Ready?

十二、阅读以下文字，选择"是"或"非"。

Read the passage below and choose 'true' or 'false' for each sentence.

> 要身体健康，每天要吃很多水果和蔬菜，它们有很多的营养。每天喝八杯水。我们也要经常运动。每天至少运动三十分钟，比如跑步。睡眠也很重要，每晚要睡八个小时。晚上早点睡觉，不要看电视。和朋友聊天和听音乐也可以让身体更健康。

	是	非
1 要身体健康，不用吃很多水果和蔬菜。	☐	☐
2 每天喝八杯水对身体好。	☐	☐
3 每天运动时间应在三十分钟以下。	☐	☐
4 晚上看电视让我们睡得好。	☐	☐
5 和朋友聊天和听音乐不能让身体更健康。	☐	☐

十三、《中学生健康杂志》想知道学生们对保持健康有什么想法和习惯。为这本杂志写一篇文章，谈谈以下几点：

The Journal of Middle School Students' Health would like students to share their thoughts and habits on staying healthy. Write an article for this journal and include the following points:

• 你通常如何保持健康？

• 你经常做哪些运动？

• 保持健康的好处是什么？

- 不健康的生活方式会有什么问题？

- 你的同学可以怎样保持健康？

用中文写150–180个字。

....

....

....

....

....

....

....

....

....

....

家居生活 *jiā jū shēng huó*

7 Home life

词语 Vocabulary

重点 Focus

一、按照例子，用适当的词填空，然后翻译短语和句子。

Follow the example and fill in the gaps with the appropriate words, then translate the full phrases and sentences into English.

例：桌子 ____上____ (on) ➜ .... on the table ....

1 卧室 .... (in) ➜ ....

2 门 .... (outside) ➜ ....

3 电视 .... (next to) ➜ ....

4 衣柜 .... (in) ➜ ....

5 床 .... (under) ➜ ....

6 床在 .... 的 .... (next to the door) ➜

    ....

7 椅子在 .... 的 .... (under the table) ➜

    ....

8 电视在 .... (in the living room) ➜

    ....

9 厕所在 .... 的 .... (next to the kitchen) ➜

    ....

10 洗衣机在 .... 的 .... (on the right of the fridge) ➜

    ....

练习 Practice

二、按照例子，圈出一个不同类的词。
Follow the example and circle the odd one out.

例：A 冰箱　　B 空调　　Ⓒ 桌子　　D 洗衣机

1　A 床　　　B 衣柜　　C 书房　　D 椅子

2　A 客厅　　B 花园　　C 车库　　D 房子

3　A 窗户　　B 饭厅　　C 卫生间　　D 厨房

4　A 房子　　B 楼房　　C 平房　　D 街

5　A 台灯　　B 电视　　C 电脑　　D 电梯

挑战 Challenge

三、将量词和物品连接起来。
Match the items with the measure words.

名词
1　花
2　树
3　照片
4　镜子
5　笔
6　椅子
7　电脑
8　手机

量词
A　把
B　部
C　台
D　支
E　张
F　棵
G　面
H　朵

语法 Grammar

重点 Focus

四、按照例子，写短语。
Follow the example and complete the phrases.

例：听音乐 ➜ 听听音乐

1　看电视 ➜ ....

2　看书 ➜ ....

3 散步 ➜ ....

4 跳舞 ➜ ....

5 唱歌 ➜ ....

6 种花 ➜ ....

练习 Practice

五、为下面的词语选择合适的位置，将字母填入方格中。

Choose the appropriate position (A–D) in each sentence for the word(s) given.
Fill in each box with the corresponding letter.

1 旁边

......A...... 沙发 ......B...... 在 ......C...... 床的 ......D......。

The sofa is next to the bed.

2 里

......A...... 书房 ......B...... 有电脑 ......C...... 和很多书 ......D......。

There is a computer and many books in the study room.

3 中间

......A...... 桌子 ......B...... 在 ......C...... 书架和衣柜的 ......D......。

The table is between the bookshelf and the wardrobe.

4 正在

......A...... 爷爷 ......B...... 花园 ......C...... 里 ......D...... 种花。

Grandfather is planting flowers in the garden.

小贴士 TOP TIP

Master spatial word order with the 'location sandwich' rule:

1 Location words (旁边 / 里 / 中间) always come after the noun:

noun + 的 + location (for example, 床的旁边 ✓ / 旁边床的 ✗)

2 Adverbs (正在) go directly before verbs:

subject + 正在 + verb (for example, 爷爷正在种花 ✓)

3 Direction words (左边 / 右边) attach to the reference object:

reference + 的 + direction (for example, 客厅的左边 ✓)

5   左边

   ....A.... 客厅的   ..B.. 是   ..C.. 妈妈和爸爸的房间   ..D.. 。

   On the left of the living room is my mum and dad's room.

挑战 Challenge

六、翻译下面的句子。

Translate the following sentences.

1   There is a table and four chairs in the living room.

   ....

2   There is a computer on my table.

   ....

3   There are two balconies in my house.

   ....

4   There is no furniture in the apartment.

   ....

5   The fridge is in the kitchen.

   ....

6   My books are in the bookshelf.

   ....

7   The dining room is next to the living room.

   ....

8   The dog is under my desk.

   ....

9   The sofa is opposite the TV.

   ....

10   The computer is in the study room.

   ....

听说读写练习 Skills

重点 Focus

七、看图，完成句子。选项可以用多于一次。

Look at the picture and complete the sentences. Options can be used more than once.

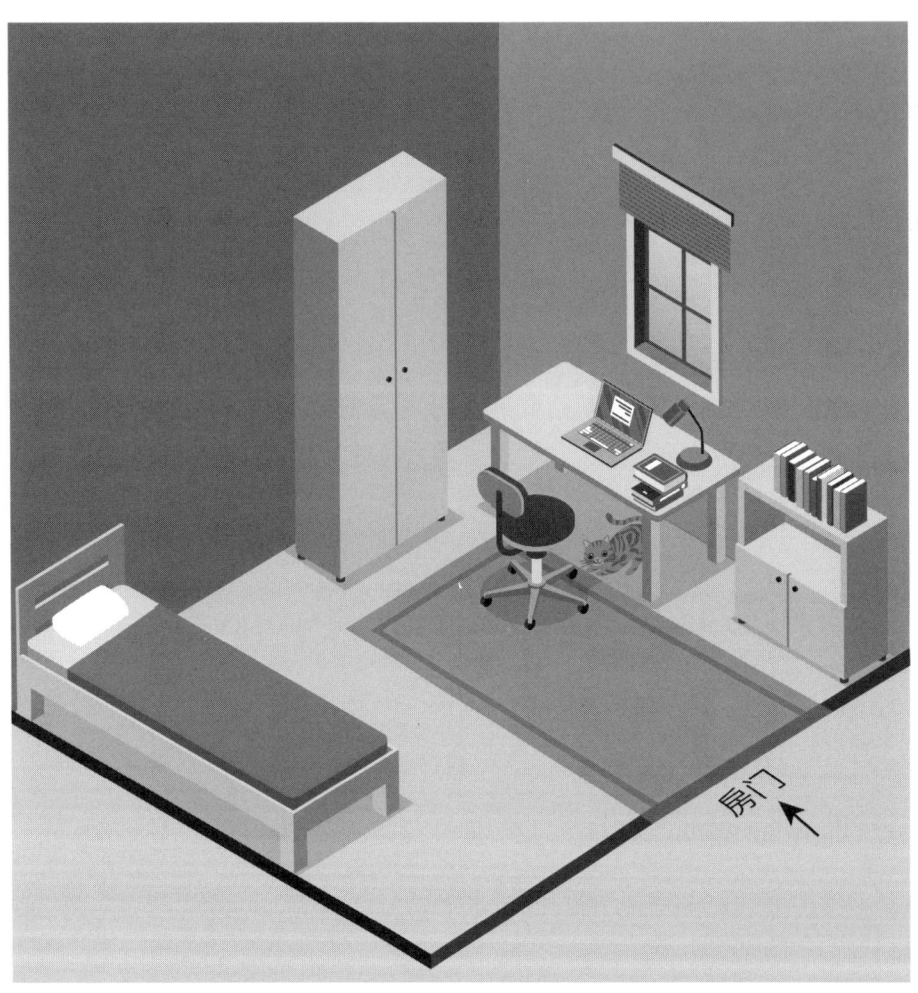

A 前面	B 对面	C 里面	D 右面
E 下面	F 左面	G 旁边	H 上面

这是我的卧室的照片。我的卧室不大不小。一进门，1 _____
是一张单人床，床的 2 _____ 有一张桌子和一把椅子。桌子的
3 _____ 是窗户。书架在桌子的 4 _____，5 _____ 有很多书。
衣柜在床的 6 _____。桌子 7 _____ 有一台电脑，三本书和台灯。
桌子 8 _____ 有一只猫。

练习 Practice

八、拉吉尔在介绍他的家。读下面的文本,回答问题。

Raj is introducing his home. Read the text below and answer the questions.

> 我家的客厅不大不小,四四方方。客厅里有一张很大的沙发。爸爸喜欢在沙发上看报纸。电视在沙发的前面。妈妈喜欢在沙发上看电视。电视上面有一个书架。书架上有很多书。电视旁边有收音机,我喜欢听音乐。沙发的左边有一张桌子和四把椅子。桌子上有一朵花。我们喜欢一边在客厅看电视,一边吃饭。

1 拉吉尔家的客厅怎么样?

   ....

2 他爸爸喜欢在哪儿看报纸?

   ....

3 电视在哪儿?

   ....

4 谁喜欢听音乐?

   ....

5 花在哪儿?

   ....

九、再看看本单元视频,和同学讨论以下的问题。

Watch this unit's video again and discuss the following questions with your classmates.

1 黄山是哪国人?

2 她的家在几楼?

3 厨房里有什么?

4 田健明的家旁边有什么?

5 田健明的卧室里有什么?

6 山本爱和家人在客厅一般做什么?

7 你喜欢谁的家?为什么?

挑战 Challenge

十、参考练习十二的文本，介绍"我理想的家"。录音，然后听一听自己的演讲，找出两个优点和一个可以改进的地方。

Refer to the text in Exercise 12 and introduce 'My Ideal Home'. Record your speech, then listen to it and identify two strengths and one area for improvement.

练习 Practice

十一、根据括号中的提示，介绍你的客厅。

Introduce your living room with the hints in the parentheses.

这是我家的客厅。我家的客厅 .... (describe in general)。客厅里有 ....、........................、........................ 和 ....。........................ (an object) 上有 ....。........................ (an object) 前面有 ....。........................ (an object) 旁边有 ....。........................ (someone) 在客厅里 .... (do an action)。........................ (someone else) 在客厅里 .... (do an action)。

小试牛刀 Ready?

十二、阅读下面的博客，用完整的句子回答问题。
Read the blog below and answer the questions using full sentences.

www.wangxiaoming.com
王小明的博客

日期：2024 年 12 月 30 日

我理想的家

大家好！我是王小明。虽然我现在和家人住在一个单元房的五楼，但我一直希望将来能住在一栋漂亮的房子里。

我理想的家是一栋两层楼的房子。房子前面有一个很大的花园，花园里有很多花儿和几棵树。花园旁边有一个车房，可以停两辆车。

一进门，左边是客厅，右边是厨房。客厅里有一张沙发、一张桌子和一台电视机。厨房里有一台冰箱和一台洗衣机。客厅和厨房的中间是饭厅，饭厅里有一张大桌子和四把椅子。

二楼有三个卧室和一个书房。我的卧室在右边，里面有一张床、一个衣柜和一张书桌。书桌上有一台电脑和一个台灯。书房就在我的卧室旁边，书房里有一个书架，书架上有很多光盘和书。

希望有一天，我可以搬到这样的房子里住！

阅读 (20) 分享 (8) 回复 (5)

1 王小明现在住在哪里？在几楼？

....

2 王小明的梦想之家有几层楼？

....

3 房子前面有什么？

....

4 花园里有什么？

....

5 一进门，左边和右边分别是什么？

....

6 客厅里有哪些家具和电器？

....

7 厨房里有什么？

....

8 王小明的卧室里有些什么家具？

....

9 书房在哪里？书房里有什么特别的东西？

....

十三、对话练习。与同学两人一组，回答以下问题。
Conversation practice. Work in pairs and answer the following questions.

1 你家有几个房间？

2 你家谁做饭？

3 你觉得家人每天在一起吃晚饭重要吗？为什么？

　〔或〕

　家人应该每天在一起吃晚饭吗？为什么？

4 说说你将来想住什么样的房子。想要什么家具？

　〔或〕

　以后你要住多大的房子？里面要有什么？

5 说说你的周末一般是怎么过的。你觉得怎么样？

　〔或〕

　你星期天做了什么？你觉得怎么样？

> **小贴士 TOP TIP**
>
> When answering, always expand your responses by including opinions, explanations and examples. Avoid short answers – use a variety of sentence structures and vocabulary to show depth in your language skills.

自我评估 SELF-ASSESSMENT

	😊	😐	🙁
I can talk about who does the cooking in my family.			
I can express whether I think it's important for family members to eat dinner together every day and give reasons.			
I can describe the kind of house I want to live in – its size, style and the furniture I would like.			
I can use the future tense to discuss my plans and ideas for the future.			
I can use conversational strategies such as pauses, follow-up questions and responses.			·

衣服 yī fu

8 Clothes

词语 Vocabulary

重点 Focus

一、翻译短语。

Translate the phrases into Chinese.

1 white shirt .... 的 ....

2 blue jeans .... 的 ....

3 brown hat ....

4 black socks ....

5 orange shorts ....

6 red skirt ....

7 yellow tie ....

8 grey shoes ....

9 blue jumper ....

10 blond hair ....

练习 Practice

二、将问题和答案搭配起来。

Match the questions with the answers.

1	你的校服是什么样的?	A	白色的衬衫，黑色的裤子。
2	他长什么样?	B	那条牛仔裤是蓝色的。
3	他喜欢什么颜色?	C	他喜欢红色和蓝色。
4	这条牛仔裤多少钱?	D	他有蓝色的眼睛和金色的头发。
5	那条牛仔裤是什么颜色的?	E	八百块。

语法 Grammar

练习 Practice

三、用适当的词填空，每个词只用一次。

Fill in the gaps with the appropriate words. Each word should be used only once.

件　条　套　对　双　顶

1　这 .... 红色的鞋子是妈妈的。

2　爸爸买了一 .... 西装。

3　哪一 .... 衬衫是你的?

4　我有两 .... 白色的裙子。

5　这 .... 帽子是我今年的生日礼物。

6　这 .... 手表是爸爸和妈妈的。

四、按照例子，改错。

Follow the example and correct the mistakes.

例: (戴) 衬 衫　　穿 ....

1　穿 手 套　..............................

2　戴 袜 子　..............................

3　一 件 牛 仔 裤　..............................

4　一 条 运 动 鞋　..............................

5　一 条 衣 服　..............................

6　这 件 大 衣 三 百 钱。..............................

7　穿 领 带　..............................

8　妈 妈 花 五 百 块 卖 了 一 件 大 衣。..............................

9　我 没 戴 钱 包。..............................

挑战 Challenge

五、翻译下面的句子。

Translate the following sentences into Chinese.

1　He is wearing a blue shirt, black shorts and a pair of white trainers.

....

2 The shop assistant said that the red coat has a 20% discount.

....

3 My mum wanted to buy a yellow skirt, but it is very expensive.

....

4 He has blue eyes and blond hair.

....

5 What is your school uniform like?

....

听说读写练习 Skills

挑战 Challenge

六、三个朋友在谈买衣服。读下面的文字，填表。

Three friends are talking about buying clothes. Read the texts below and fill in the form.

陈红：

> 昨天我买了一件大衣和一条围巾。围巾打八折，一百块。大衣打九折，四百五十块。

吴大朋：

> 星期六我去服装店买衣服。我买了一双运动鞋。运动鞋打六折，现在的价钱是九百块。

李冰：

> 今天牛仔裤打五折，价钱是一百五十块，我觉得很便宜，所以买了一条。我也很喜欢一件大衣，但是我觉得太贵了，没有买。

	牛仔裤	运动鞋	大衣	围巾
谁买了？	1	2	3	陈红
打几折？	4	打六折	5	6
多少钱？	7	8	9	10

练习 Practice

七、完成对话，用所给的疑问词提问。

Complete the dialogue by writing the questions, using the question words provided.

情景: 王小花在时装店买衣服。

A   售货员

B   王小花

A: 有什么可以帮助你?

B: 我想买一条裙子。

A: 1 ....? (什么)

B: 我喜欢红色。

A: 2 ....? (还是)

B: 我喜欢短裙。

A: 你穿几号?

B: 我穿中号。请问，3 ....? (吗)

A: 可以试试。

......(五分钟以后......)

A: 你觉得怎么样?

B: 还不错。4 ....? (多少钱)

A: 三百块。

B: 太贵了。5 ....? (吗)

A: 可以打八折。

八、将下面的句子排序，组成一段话。

Re-order the sentences to make a coherent paragraph.

A   服装店里有各种各样的毛衣，有红色的，蓝色的，绿色的，白色的。

B   妈妈也买了一件蓝色的毛衣。

C   今天下午，我和妈妈一起去服装店买衣服。

D   毛衣都打八折，一件八十块，很便宜，我喜欢红色，所以我买了一件红色的毛衣。

E   她还想买一条蓝色的围巾，但是她觉得太贵了，没有买。

1 .... ➔ 2 .... ➔ 3 .... ➔ 4 .... ➔ 5 ....

九、读对话，回答问题。

Read the dialogues and answer the questions.

情景：林平和售货员对话。

A　林平　　　　　B　售货员

（一）

A：

请问，这件衬衫多少钱？

B：

原价一百块。现在打七五折。

> **小贴士 TOP TIP**
>
> 如果有需要可以使用计算器计算。
> Use a calculator if you need to!

1　现在这件衬衫多少钱？ ....

（二）

A：

请问这双运动鞋多少钱？

B：

原价一千块。现在打八折。

A：

太贵了。这双红色的鞋呢？

B：

这双八百块，现在打七折。

A：

我要这双红色的。

2　红色的鞋现在多少钱？ ....

08

十、再看看本单元视频，判断以下句子是"对"还是"错"。

Watch this unit's video again and decide whether the following statements are 'true' or 'false'.

	对	错
1　女装在二楼	☐	☐
2　童装在三楼	☐	☐
3　二楼可以买耳环	☐	☐
4　买领带要去二楼	☐	☐
5　三楼有小孩的衣服和运动鞋	☐	☐
6　服装店今天有打折	☐	☐

> **小贴士 TOP TIP**
>
> Remember that in China, the ground floor is often referred to as the 'first floor' (一楼). The floor above it is then the 'second floor' (二楼) and so on.

十一、写一篇日记，谈谈你今天参加朋友生日会的服装搭配。

Write a diary entry about the outfit you wore to a birthday party today.

- 生日会在哪儿进行?
- 你穿了什么衣服? 为什么?
- 你穿了什么颜色的裤子或裙子?
- 你穿了什么样的鞋子?
- 你有戴什么配饰吗?

用中文写80–100个字。

....

....

....

....

....

....

....

....

....

....

....

....

....

自我评估 SELF-ASSESSMENT

	☺	☺	☹
I know the vocabulary for items of clothing and accessories.			
I can describe the colour, size and style of different items of clothing.			
I can gives reasons for why I choose to wear certain clothes.			
I understand how to use the different verbs meaning 'to wear' in Chinese.			
I can talk about when an event took place.			

小试牛刀 Ready?

十二、在一次购物中，你的朋友<u>玛丽</u>丢了一件外衣。用中文帮她填写下面的表格。

During a shopping trip, your friend Mary lost her coat. Help her to fill in the following form in Chinese.

姓名	玛丽
国籍：	1
丢失的物品：	2
丢失的时间：	3
丢失的地点：	4
联系电话：	5

十三、你家附近有一家服装店。写一写：

Write about a clothing store near your house. Talk about:

- 服装店几点开门
- 你怎么去服装店
- 那里有什么衣服
- 那里的试衣间怎么样
- 下次你想跟谁去服装店购物；为什么。

用中文写80–100个字。

....
....
....
....
....
....
....
....
....

十四、看下面的图片。选择正确的答案，将字母 (A–E) 填入方格中。

Look at the pictures below. Choose the correct answer and fill in each box with the corresponding letter (A–E).

A

B

C

D

E

1　陈冰天天做运动，很喜欢穿运动服。

2　李刚在办公室上班，要穿西装。

3　张雪不喜欢穿短裙，喜欢穿连衣裙。

4　吴永青喜欢穿舒服的汗衫

买东西　mǎi dōng xi

9 Shopping

词语 Vocabulary

重点 Focus

一、按照例子，圈出一个不同类的词。

Follow the example and circle the odd one out.

例：A	纪念品	B	日常用品	C	文具	(D)	百货公司
1　A	练习本	B	尺子	C	信用卡	D	铅笔
2　A	手机	B	飞机	C	书包	D	毛笔
3　A	书	B	练习本	C	眼镜	D	纸
4　A	营业时间	B	书店	C	百货公司	D	玩具店
5　A	零钱	B	取钱	C	还钱	D	付钱

练习 Practice

二、将下面的词填入相应的格子中。

List the items below in the department store section where you would find them.

刀　　牙膏　　帽子　　运动鞋　　电视　　裙子　　香皂
电子游戏机　　杂志　　中文书　　手机

千千百货公司

一楼	服装店	1
二楼	书店	2
三楼	日用品店	3
四楼	电子产品店	4

语法 Grammar

重点 Focus

三、用适当的量词填空。

Fill in each gap with an appropriate measure word.

支	把	面	副	件	条	双	块	斤	袋

星期六下午，我和妈妈去了一个百货公司买东西。我们买了各种各样的东西。在文具店，我买了十1 _____ 铅笔，三2 _____ 橡皮，一3 _____ 尺子和五个练习本。在服装店，妈妈买了一4 _____ 裤子，两5 _____ 上衣和五6 _____ 袜子。在眼镜店，我买了一7 _____ 很好看的眼镜。在超级市场，我们买了两8 _____ 苹果，一9 _____ 米和一10 _____ 镜子。

练习 Practice

四、为下面的词选择合适的位置，将字母填入方格中。

Choose the appropriate position (A–D) in each sentence for the word given.
Fill in each box with the corresponding letter.

1 在

请 __A__ 写 __B__ 作业本 __C__ 上 __D__ 。 ☐

2 在

请 __A__ 作业本 __B__ 上写 __C__ 你的名字 __D__ 。 ☐

3 到

在 __A__ 书店，我 __B__ 看 __C__ 了 __D__ 各种各样的书。 ☐

4 到

一 __A__ 来 __B__ 书店，他就开始 __C__ 看 __D__ 书。 ☐

5 了

我 __A__ 买 __B__ 一条 __C__ 裙子和一双 __D__ 鞋。 ☐

6 很快地

他一 __A__ 看到我，就 __B__ 跑 __C__ 过来 __D__ 。 ☐

挑战 Challenge

五、翻译句子。

Translate the sentences into Chinese.

1 I don't shop online very often.

....

2 I did not have cash. I paid by credit card.

....

3 I bought a mobile phone in a department store yesterday.

....

4 The phone was very expensive, and I spent ¥2,000 on it.

....

5 My friend bought a phone online and she spent ¥1,500.

....

听说读写练习 Skills

练习 Practice

六、读下面的表格，回答问题。

Read the table below and answer the questions.

日常用品店

谁买?	刘林	张英	刘林	王文	张英
价钱 / per item	10元	20元	31元	40元	25元
买多少?	5	6	1	2	3
一共多少钱?	50元	120元	31元	80元	75元

1 刘林买了什么?

....

2 谁买了雨伞？

....

3 一件雨衣多少钱？

....

4 张英买了几块肥皂？

....

5 张英一共花了多少钱？

....

七、读练习六的表，填空，完成下面的一段文字。

Read the information in the table in Exercise 6 and fill in the gaps to complete the paragraph.

昨天，刘林和朋友们去了日常用品店买东西。她花了 50 元钱买了五把牙刷，还花了 31 元钱买了 **1** .... 镜子。张英花了 **2** .... 钱买了 **3** .... 香皂，还花了 **4** .... 钱买了 **5** .... 雨衣。王文 **6** .... 买了 **7** .... 雨伞。

> **小贴士 TOP TIP**
>
> 记住，在中文里数词与名词之间要加上量词，比如一个苹果、两本书、三个人。不同的名词有专用的量词，所以要一起记住。
>
> Remember that in Chinese, numerals are followed by measure words. For example, 一个苹果 'one apple', 两本书 'two books' and 三个人 'three people'. Different nouns have different measure words, so they need to be learnt together.

八、读下面的对话，填表。

Read out the dialogues below and fill in the table.

（一）

A: 花花，你常在网上买东西吗？

B: 对，我经常在网上买东西。

A: 你在网上买什么东西？

B: 我喜欢上网买书。上个星期，我买了十本中文书。花了三百二十块。

（二）

A: 天明，你喜欢网上购物吗？

B: 我不常在网上买东西，但是我觉得网上的东西很便宜。

A: 你买了什么？

B: 昨天我买了一件衣服。

A: 花了多少钱？

B: 花了两百块。

（三）

A: 陈星，你喜欢网上购物吗？

B: 我不会上网，所以我也不会网上购物。我很喜欢逛街。上个星期我在市中心的百货公司买了一双鞋。花了一千块。

	买了什么？	在哪儿买的？	花了多少钱？
花花	十本中文书	1	2
天明	3	4	5
陈星	6	7	8

九、在网上找一些中国品牌的广告。注意看产品的名字、原价是多少、有没有打折。仔细观看那些广告，然后把公司名字、产品、原价、折扣价记在以下的表格里。

Search for commercials by major Chinese brands on the internet. Focus on understanding and noting the products featured, their original prices and any discounted prices offered. Listen carefully and record this information in the table below, including the company name, product, original price and discounted price.

公司名字	产品	原价	折扣价

挑战 Challenge

十、两人一组，做角色扮演。

Work in pairs to act out the role play.

A 你自己　　**B** 你的朋友

A1: 我们什么时候去你家附近的超市?

A2: 你去超市买什么?

A3: 你上次买了什么?

A4: 你喜欢在超市买东西吗? 为什么?

A5: 你会在网上的超市购物吗? 为什么?

十一、再看看本单元视频，然后在正确的选项旁打勾 (✓)。

09

Watch this unit's video again and answer each question by ticking one box only.

1 刘国林现在住在哪里?

　　A 香港 ☐　　　　**B** 北京 ☐　　　　**C** 上海 ☐

2 很多游客喜欢去香港的哪两个地方买东西?

　　　　　Tóng luó wān　Miào jiē
　　A 铜锣湾和庙街 ☐

　　B 书店和菜市场 ☐

　　C 文具店和百货商店 ☐

3 市场上的东西怎么样?

　　A 没有意思 ☐

　　B 便宜 ☐

　　C 很忙 ☐

4 刘国林最喜欢的地方通常卖哪些东西?

　　A 电子产品和食物 ☐

　　B 笔、橡皮和笔记本 ☐

　　C 衣服和日常用品 ☐

5 现在越来越多的人喜欢在哪里购物?

　　A 百货商店 ☐

　　B 菜市场 ☐

　　C 网上商店 ☐

小试牛刀 Ready?

十二、看图片。选择正确的答案，将字母 (A–E) 填入方格中。

Look at the pictures. Choose the correct answer and write the letter (A–E) in the box.

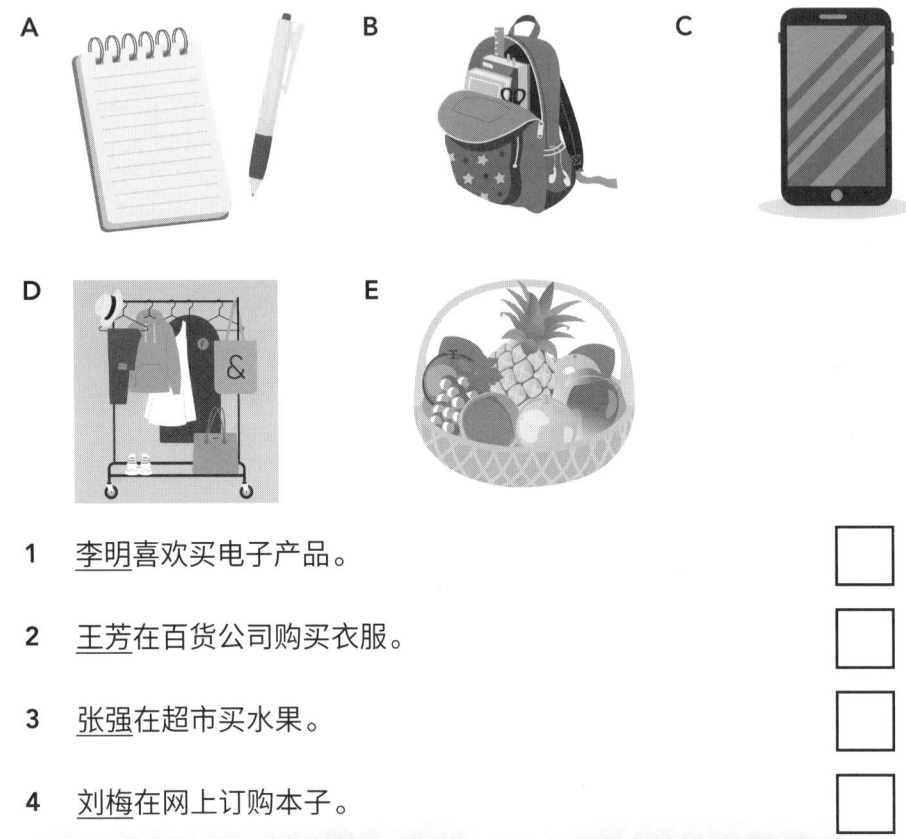

A

B

C

D

E

1 <u>李明</u>喜欢买电子产品。 ☐

2 <u>王芳</u>在百货公司购买衣服。 ☐

3 <u>张强</u>在超市买水果。 ☐

4 <u>刘梅</u>在网上订购本子。 ☐

十三、写一写你最常买的物品。

Write about the item you most frequently purchase.

- 你最常买什么东西？

- 你通常在哪里购买这个东西？

- 你多久买一次这个东西？

- 这个东西对你来说为什么重要？

- 你下次打算买什么其他的东西？

用中文写80–100个字。

....

....

....

....

....

....

....

....

....

....

....

....

....

自我评估 SELF-ASSESSMENT

	☺	☺	☹
I can talk about items I buy frequently.			
I can explain where I usually buy things.			
I can state how often I buy things.			
I can explain why certain items are important to me.			
I can talk about what I plan to buy in the future.			

居住环境　jū zhù huán jìng

10 Living environment

词语 Vocabulary

重点 Focus

一、翻译以下词语，并写出拼音。

Translate the following words into Chinese, writing the pinyin next to the Chinese characters.

1　west ....（汉字）................................（拼音）

2　south ....（汉字）................................（拼音）

3　east ....（汉字）................................（拼音）

4　southeast ....（汉字）................................（拼音）

5　northwest ....（汉字）................................（拼音）

6　north ....（汉字）................................（拼音）

7　southwest wind ....（汉字）................................（拼音）

8　directions ....（汉字）................................（拼音）

练习 Practice

二、用下列词语填空，但不是所有词都必须用上。

Use the words provided to fill in the gaps. Not all words need to be used.

西方	设施	诊所	树林
附近	风景	里边	迷路

1　我找不到王明的家，我 .... 了。

2　................ 国家有英国、法国等等。

3　这个小区有很多 .... ，有游泳池、游乐场等等。

4　你发烧了，应该去 .... 看看医生。

5　这个小区在海边，每个人的家都可以看见海，................ 很漂亮。

6　商城 .... 又大又好玩儿，有很多商店，妈妈喜欢到那儿购物。

语法 Grammar

练习 Practice

三、选择"去"或"来"完成句子。

Choose either 去 or 来 to complete each sentence.

1 <u>王小明</u>不在家，.............. 超市了。

2 文具店在楼上，我上 .... 买东西。

3 <u>李美红</u> .... 了图书馆，她最喜欢看书。

4 "妈! 我放学回 .... 了! "

5 "你在楼上? 你下 .... 就看见我了。"

6 我从<u>中国</u> .... ，是<u>中国</u>人。

7 每个星期一，<u>小绿</u>都会 .... 体育馆打羽毛球。

8 你生病了? .... 看医生了吗?

四、用下面的字填空，每个字可以用多于一次。

Use the words provided to fill in the gaps. You may use each word more than once.

在　　从　　到

1 .... 文具店，可以买到铅笔、橡皮等等的东西。

2 .... 你家 .... 电影院，要五分钟左右。

3 我的数学老师是 .... <u>英国</u>来的。

4 日常用品店 .... 服装店的楼上。

5 .... 一点 .... 两点，我们 .... 饭馆吃饭。

6 "你还在家，请你 .... 日常用品店给我买一支牙膏吧! "

挑战 Challenge

五、用所给的短语，按照 **A 离 B** + **adjective** 的句型造句。第一题是例题。

Use the words and phrases provided and make sentences in the structure **A 离 B** + **adjective**. The first one has been done for you.

1 游泳池、我家、很近。

　　游泳池离我家很近。
　　...

2 电影院、停车场、很远。

....

3 警察局、村子、不远。

....

4 医院、郊区、很远。

....

5 工厂、邮局、很近。

....

6 游泳池、体育场、不近。

....

听说读写练习 Skills

重点 Focus

六、读下面的文字，按照例子填空，完成句子。

Read the following text, follow the example and fill the gaps to complete the sentences.

一个在北京的商场	
五楼	日常用品店
四楼	时装店
三楼	服装店
二楼	文具店
一楼	西餐厅

小贴士 TOP TIP

楼上	lóu shàng	upstairs / one floor up
楼下	lóu xià	downstairs / one floor down

例：要买薯条要到 ___一楼___ 的 ___西餐厅___ 。

1 <u>小美</u>想买一条裙子，可以去 _____ 楼的 _____ 。

2 <u>王明</u>要买一支钢笔，他要去 _____ 楼的 _____ 。

3 吃热狗要去 _____ 楼的 _____ 。

4 在文具店，可以买到 _____ 、 _____ 、 _____ 、
_____ 、 _____ 。

5 从服装店到楼上，是 _____ 。

6 时装店在 _____ 的楼下。

练习 Practice

七、角色扮演。完成对话。把答案填在横线上。
Role play. Complete the dialogues. Write your answers on the lines provided.

（一）

情景：你搬到了新的小区。你和邻居在谈论设施。

你： **1** _____ ?

邻居：这里没有电影院，但可以到附近的商城。

你： **2** _____ ?

邻居：商城离这儿不远，要走五分钟。

你： **3** _____ ?

邻居：图书馆的东边是公园。

你： **4** _____ ?

邻居：我喜欢在公园看书。

你： **5** _____ ?

邻居：警察局的北边是游乐场。

（二）

情景：你迷路了。你向一个过路人问路。

你： 对不起，我迷路了。请问 **6** _____ ?

过路人：从汽车站到电影院很近。你从这儿往右拐，一直往前走，
就能看见电影院了。

你: 7 .... ?

过路人: 要过马路。

你: 8 .... ?

过路人: 要过两个十字路口。

你: 9 .... ?

过路人: 要走十分钟。

你: 10 .... !

过路人: 不用客气。

挑战 Challenge

八、田力山在社交媒体上介绍他的居住环境。阅读这段文字，选择"是"或"非"。

Tian Lishan has introduced his living environment on social media. Read his post and decide if the following statements are 'true' or 'false.'

南红小区在郊区，空气清鲜，环境优美，是很多人喜欢住的地方。在这个小区的中间是俱乐部，我们在那儿可以打羽毛球、乒乓球。俱乐部的北边是医务所，可以在那儿看医生。医务所的西南边是警察局。电影院的东边是图书馆，图书馆的东边是游泳池。我们喜欢看完书后去游泳。游泳池的西南方是停车场，停车场的南面是游乐场，我喜欢带我的儿子去那儿玩儿。

		是	非
1	南红小区的空气不好。	☐	☐
2	在俱乐部可以做运动。	☐	☐
3	警察局在医务所的西南方。	☐	☐
4	田力山喜欢一边看书，一边游泳。	☐	☐
5	田力山喜欢带孩子去游乐场。	☐	☐

小贴士 TOP TIP

Pre-listening strategy: before watching the video, brainstorm pros and cons for each facility. For example, for parks, list 'quiet' (pro) and 'crowded' (con). This primes your brain to catch relevant details. Predictions create a mental framework, making it easier to identify opinions during the video.

练习 Practice

10

九、再看看本单元视频，判断说话者对以下设施的看法是：**A** 正面的，**B** 负面的或 **C** 正面和负面的都有。在正确的方格里打勾 (✓)。

Watch this unit's video again and decide if the speaker's opinion on the following facilities is: (A) positive, (B) negative or (C) both positive and negative.

1　商场

　　正面的 ☐　　　　　　负面的 ☐　　　　　　正面和负面都有 ☐

2　公园

　　正面的 ☐　　　　　　负面的 ☐　　　　　　正面和负面都有 ☐

3　公交站

　　正面的 ☐　　　　　　负面的 ☐　　　　　　正面和负面都有 ☐

4　体育场

　　正面的 ☐　　　　　　负面的 ☐　　　　　　正面和负面都有 ☐

十、填空，完成下面的一段文字。

Fill in the gaps to complete the paragraph.

我住在 1 .... 。我家附近有 2 ....，
比如 3 .... 和 4 .... 。从我家到最近的公交车站大概
需要 5 .... 。我住的地方很 6 .... ，
因为 7 .... 。

挑战 Challenge

十一、在网上找一些介绍某个城市地标的简短导航视频。观看视频并记录下关于"方向"的词汇，最后尝试用自己的话总结一下导航路线。

Find some short videos online that introduce navigation to a city's landmark.
Watch the videos and take notes on vocabulary related to 'directions.'
Finally, try to summarise the navigation route in your own words.

....

....

....

....

....

....

....

小试牛刀 Ready?

十二、金美真在社交媒体上发布一篇关于她的家——绿林村的笔记。阅读下面的文字，选择正确的答案，回答问题。

Jin Meizhen posted a note on social media about her home – Green Forest Village. Read the text below and choose the correct answer for each question.

我的小村子

我住在绿林村，这里周围都是森林，空气清新，让人心情放松，很舒服。

交通

离汽车站要走半小时。

设施

村里有一个小超市和汽车站，还有一个邮局。村里没有诊所，所以生病了得去城里的医院看病。

村子的亮点

绿林村的东边有一条小河。河边有很多花草树木。周末，村里的人喜欢在河边散步。

总结

尽管绿林村离城市有点远，但住在这里很舒服！欢迎你到这里来玩！

1　绿林村附近有什么？

　　A 海 ☐　　　B 树 ☐　　　C 山 ☐　　　D 沙 ☐

2　绿林村的空气怎么样？

　　A 很脏 ☐　　　B 很干净 ☐　　　C 很热 ☐　　　D 很冷 ☐

3　从绿林村到汽车站要走多长时间？

　　A 十分钟 ☐　　　B 二十分钟 ☐

　　C 三十分钟 ☐　　　D 一小时 ☐

4　绿林村有什么设施？

　　A 医院和学校 ☐　　　B 小超市和邮局 ☐

　　C 电影院和诊所 ☐　　　D 超市和火车站 ☐

5 周末，村里的人喜欢做什么？

    A 在家里看电视 ☐   **B** 在河边散步 ☐

    C 去城里购物 ☐   **D** 在超市工作 ☐

6 <u>金美真</u>觉得住<u>绿林村</u>……

    A 离城市近 ☐   **B** 不方便，也不舒服 ☐

    C 不方便，但很舒服 ☐   **D** 很方便，也很舒服 ☐

十三、给<u>中国</u>笔友写一封信，信里说说：

Write a letter to your Chinese pen pal. Talk about:

1 你的家在郊区还是市中心？

2 住在郊区有什么好处？

3 住在市中心有什么好处？

4 市中心有什么设施？

用<u>中文</u>写 80–100 个字。

....

....

....

....

....

....

....

自我评估 SELF-ASSESSMENT

	☺	😐	☹
I can talk about where I live.			
I can describe the advantages and disadvantages of living in the suburbs and city centre.			
I can use comparative structures to contrast living environments.			
I can use vocabulary related to places and facilities accurately.			
I can write a coherent letter, with an appropriate greeting, body and closing.			

学校生活　xué xiào shēng huó

11 School routine

词语 Vocabulary

重点 Focus

一、按照例子，给以下词语分类。

Follow the example and categorise the following vocabulary.

英语	汉语	地理	生物	历史	德语
美术	音乐	化学	法语		

1 科学	2 语文	3 艺术	4 人文科学
	例：汉语		

小贴士 TOP TIP		
人文科学	rén wén kē xué	humanities

练习 Practice

二、把正确的答案连在一起。第一题是例题。

Match the correct two halves of the sentences. The first one has been done for you.

1	音乐课是他最喜欢的课，
2	我今年选了法语和德语，
3	我每天用十五分钟吃饭，
4	我有很多课外活动，
5	我喜欢我的体育老师，
6	我最不喜欢中文课，
7	我最喜欢英语课，

A	因为老师很严格，一句英文都不说。
B	因为他很友好，打篮球也打得好。
C	因为他很喜欢弹钢琴和唱歌。
D	因为我放学以后没事做，我也喜欢认识新朋友。
E	因为我喜欢看英文小说，也喜欢写作。
F	因为我以后要到欧洲上学，语言很有用。
G	因为之后我要去书店看书。

语法 Grammar

练习 Practice

三、量词填空，每个词可以用多于一次。

Fill in the gaps with the correct measure words. You may use each measure word more than once.

些 门 节

1   我带了 .... 练习册和文具去教室。

2   今天我们上的第一 .... 课是数学。

3   你明年学习几 .... 语言?

4   妈妈给了我 .... 水果带去给爷爷。

5   学生一星期上二十 .... 课。

四、完成句子。

Complete the sentences.

1   爸爸妈妈常常跟我一起 ....。

2   昨天我跟好朋友一起在郊外 ....。

3   哥哥跟 .... 一起去美国 ....。

4   校长跟 .... 一起 ....。

5   .... 跟 .... 一起 ....。

五、回答问题。

Answer the questions.

1   你昨天为什么迟到?

　　因为 ....。

2   你今天为什么不去学校?

　　因为 ....。

3   你为什么学习语言?

　　因为 ....。

4 你为什么想上大学？

因为 ....。

5 你为什么喜欢旅行？

因为 ....。

听说读写练习 Skills

挑战 Challenge

六、阅读下面王天天的时间表，然后填空完成句子。

Read Tiantian Wang's timetable, then fill the gaps to complete the sentences.

	星期一	星期二	星期三	星期四	星期五
8:00–9:00	英文	美术	历史	科学	中文
9:30–10:30	数学	日语	英文	音乐	体育
10:30–10:45	休息				
10:45–11:45	体育	化学	音乐	电脑	戏剧
12:00–13:30	午饭				
13:30–15:00	地理	音乐	体育	美术	数学

1 王天天会说三种语言。他会说 ....、............. 和 ....。

2 星期 .... 是王天天最喜欢的一天，因为他不用上语言课，也不用上历史，那天可以做实验、唱歌和画画儿。

3 他最不喜欢星期 .... 的体育课，因为他不喜欢吃完午饭后上课。

4 他每一天都有 .... 分钟的课间休息时间。午饭时间很长，有 .... 分钟。

5 每天他 .... 上学，............. 放学。

七、回答以下的问题。

Answer the following questions.

你在哪里上学？

1 我在 .... （学校的名字）上学。

你喜欢什么课?

2　我喜欢体育课,因为可以踢足球、打 .... 和打 .... 。

你今年一共学多少门课?

3　我今年一共学七门课: 英语、...............、...............、
.... 、............... 、............... 、............... 和 .... 。

你不喜欢哪门课?

4　我不喜欢数学,因为数学很 .... 。

你的老师怎么样?

5　我的老师上课很 .... ,因为 .... 。

你喜欢中文还是英文? 为什么?

6　我喜欢 .... ,因为 .... 。

练习 Practice

八、你的同学<u>爱丽丝</u>想参加学校的课外活动。帮她用中文填表。

Your classmate Alice wants to participate in the school's extracurricular activities. Help her fill out the application form in Chinese.

课外活动报名表

学生名字	爱丽丝
就读年级	1
参加什么课外活动	2
参加课外活动的好处	3
在哪里参加课外活动	4
活动日期	5

九、在 YouTube 或 Bilibili 等视频平台上，找一个有关其他国家中学生学校生活的中文视频。观看并比较跟你们国家学校生活的五个异同点。

On a video platform like YouTube, Bilibili or a school website in Chinese, find a video that describes a daily school routine. After watching the video, compare it with the daily school routine in your country. Then, jot down five similarities and/or differences.

相同	不同

十、再看看本单元视频，回答以下问题。

11

Watch this unit's video again and answer the following questions.

1 赵小蓝一般几点起床？ ....

2 早餐通常吃什么？ ....

3 赵小蓝几点坐校车去学校？ ....

4 第一节课是什么？ ....

5 赵小蓝的中文老师性格怎么样？ ....

6 数学老师上课有什么特点？ ....

   ....

7 午餐时间是几点？ ....

8 下雨时赵小蓝会做什么？ ....

9 放学后赵小蓝为什么参加活动？ ....

挑战 Challenge

十一、阅读下面的短文，然后回答问题。

Read the short passage below, then answer the following questions.

李红：

你好！我的学校在香港。我们每周上二十五节课，每节课一个小时。今年我学八门课。我喜欢弹琴、弹吉他，也喜欢唱歌，所以我选了音乐。我也选了体育课，我的爱好是运动，比如踢足球、打乒乓球。

我喜欢英语课。虽然我住在中国，但是以后要到美国上学，学好英文可以认识新朋友。我的英语老师是一位英国人，他上课非常严格，他说只有严格的老师，才可以教出好学生。

我不喜欢数学课。我的数学老师林老师是一个在美国出生的中国人。他很友好，但是我对数学没兴趣。你喜欢数学吗？

我每天八点一刻上课，三点三刻下课。每天有五十五分钟的午饭时间，我经常到图书馆看书。我很喜欢读英文小说。你在午饭时间一般做什么？你下课后有课外活动吗？

请给我回信。谢谢！

祝好！

你的朋友　赵林

十二月六日

1 赵林的学校在哪里？ ....

2 赵林每周有多少个小时的课？ ....

3 用 "因为" 改写以下两句：Use 因为 to rewrite the following sentences.

   A 我喜欢弹琴、弹吉他，也喜欢唱歌，所以我选了音乐。

      ....

      ....

   B 我也选了体育课，我的爱好是运动，比如踢足球、打乒乓球。

      ....

      ....

4 他为什么喜欢英语课？ ....

   ....

5 赵林的英语老师上课时怎么样？ ....

6 赵林为什么不喜欢数学？ ....

7 为什么赵林经常去图书馆看书？ ....

十二、你是李红，给朋友赵林回信。信里说一说：

You are Li Hong, replying to Zhao Lin. In the letter, talk about:

• 你今年学几门课？

• 为什么选这些科目？

• 你学校的老师怎么样？

• 你最不喜欢的是哪门课？为什么？

• 你放学后忙吗？

用中文写 150 个字左右。

....

....

....

....

....

....

....

....

自我评估 SELF-ASSESSMENT

	☺	☺	☹
I can talk about how many subjects I am currently studying and list them.			
I can explain why I have chosen to study certain subjects.			
I can describe what my teachers and classes are like.			
I can discuss which classes I like and explain why.			
I can talk about what I do after school.			

小试牛刀 Ready?

十三、对话练习。与同学两人一组，回答以下问题。

Conversation practice. Work in pairs and answer the following questions.

1 介绍一下你的学校生活。

2 你们学校几点上第一节课？

3 说一说你今年学多少门科目。

[或]

你今年学什么科目？

4 你觉得参加课外活动有什么好处？有什么坏处？

[或]

你觉得参加课外活动好不好？为什么？

5 将来你打算去外国体验其他国家的学校生活吗？为什么？

[或]

将来你想去试试其他国家的学校生活吗？为什么？

🎧 11.1 十四、学校的小记者采访了新生陈静，让她谈谈她的学校生活。听下面的采访，选择正确的答案。你现在有一分钟时间阅读问题。

A school journalist is interviewing new student Chen Jing about her daily school routine. Listen to the interview and choose the correct answer. You now have one minute to read the questions.

1 陈静早上几点起床？

A 六点 ☐ B 六点半 ☐ C 七点 ☐

2 陈静早餐通常吃什么?

    A 面条和包子 ☐   B 汉堡和薯条 ☐

    C 粥、包子或煎饼 ☐

3 学校什么时候开始上课?

    A 七点 ☐   B 八点半 ☐   C 八点 ☐

4 第一节课通常是什么课?

    A 英语 ☐   B 数学 ☐   C 物理 ☐

5 学生们中午在哪里吃午饭?

    A 食堂 ☐   B 教室 ☐   C 家里 ☐

6 午饭后,学生们有多少时间休息?

    A 半小时 ☐   B 一小时 ☐   C 两小时 ☐

7 下午的课程中不包括哪个科目?

    A 日语 ☐   B 科学 ☐   C 历史 ☐

8 学校的老师怎么样?

    A 很幽默 ☐   B 很友好 ☐   C 很无聊 ☐

9 放学后,学生们会做什么?

    A 玩游戏 ☐   B 参加课外活动 ☐   C 看电视 ☐

学校设施　xué xiào shè shī

12 School facilities

词语 Vocabulary

重点 Focus

一、按照例子，从格子中找出与学校设施有关的词。

Follow the example and make as many words to do with school facilities as you can from the characters in the grid.

操	室	堂	学	球
部	礼	室	馆	场
图	教	办	堂	足
育	体	公	教	馆
卖	书	小	食	场

小贴士 TOP TIP

场 (chǎng) in Chinese often indicates a place, like 足球场 (football pitch) and 篮球场 (basketball court). You can associate 场 with locations to boost your vocabulary.

汉字	拼音	英文
例：操场	cāo chǎng	playground

二、将中文和英文意思搭配起来。
Match the Chinese and English.

1	来
2	去
3	上去
4	下来
5	出去
6	进来
7	回来
8	起来

A	to get up
B	to come
C	to go
D	to come down
E	to come back
F	to go up
G	to get out
H	to come in

练习 Practice

三、按照提示，完成以下句子。
Follow the prompts to complete the sentences below.

1 昨天妈妈从上海 .... (to come back) 了。

2 对不起，我 .... (do not know) 你不喜欢吃米饭。

3 我 .... (do not expect) 他给我回信了。

4 我在广州做交换学生的时候，妈妈很 .... (to worry about) 我，每天都给我打电话。

5 他一 .... (to come in)，同学们就都笑了。

语法 Grammar

练习 Practice

四、选择"的""地"或者"得"填空。
Choose 的 / 地 / 得 to fill in the gaps.

1 这本书是我妈妈 .... 。

2 他唱歌唱 .... 不好。

3 弟弟很快 .... 跑过来。

4 他大声 .... 哭了。

5 你游泳游 .... 怎么样？

6 我喜欢蓝色 .... 。

五、选择适当的词填空，每个词只能用一次。
Fill in the gaps with the words given. Each word should be used only once.

虽然　　但是　　就　　最后　　特别

1 .... 我的学校不大，但是设施齐全。

2 这是我在<u>中国</u>的 .... 一天。

3 弟弟一回家 .... 看电视。

4 我喜欢吃水果， .... 是苹果。

5 我的学校没有游泳池， .... 有一个网球场。

挑战 Challenge

六、仿照例子写句子。
Follow the examples and complete the sentences.

（一）虽然……但是……

例：我喜欢我的体育老师。我不喜欢上体育课。

　　虽然我喜欢我的体育老师，但是我不喜欢上体育课。..........

1 他的学校很小。老师很好。

　　...

2 水果对身体好。妹妹不喜欢吃水果。

　　...

3 数学很难。哥哥很喜欢做数学作业。

　　...

（二）一……就……

例：老师进办公室。老师工作。

　　老师一进办公室就开始工作。..........................

4 姐姐回家。姐姐做作业。

　　...

5 我看到桌子上的菜。我觉得饿了。

　　...

6 爷爷看电视。爷爷想睡觉。

....

听说读写练习 Skills

练习 Practice

七、看图，选择正确的答案。
Look at the picture and choose the correct answers to the questions.

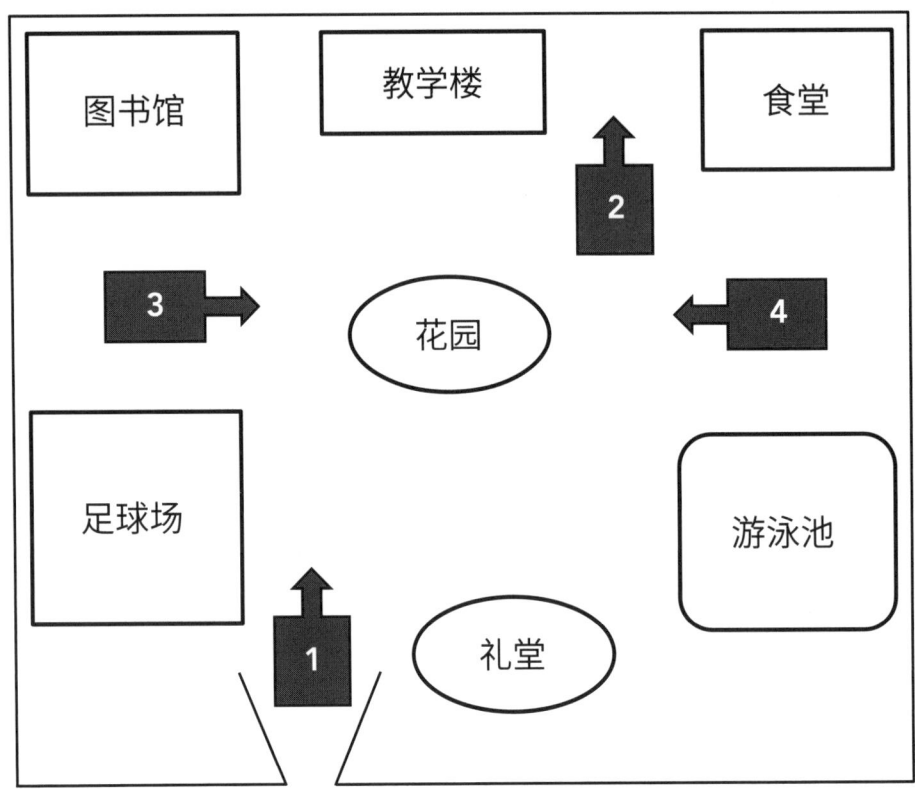

1 你在1，你在哪儿?

A 图书馆 ☐

B 门口 ☐

C 花园 ☐

D 礼堂 ☐

2 你在1。你要去图书馆，该怎么走?

A 往前走，图书馆在足球场的后边。 ☐

B 往左走，图书馆在教学楼的右边。 ☐

C 往前走，图书馆在礼堂的旁边。 ☐

D 往左走，图书馆在足球场的左边 ☐

3 你在2，你想去游泳池，该怎么走？

A 往左走，游泳池在礼堂后边。 ☐

B 往前走，游泳池在食堂右边。 ☐

C 往前走，游泳池在食堂对面。 ☐

D 往后走，游泳池在礼堂对面。 ☐

4 你在3，你要去食堂，该怎么走？

A 往左走，食堂在礼堂旁边。 ☐

B 往左走，食堂在教学楼的后边。 ☐

C 往前走，食堂在游泳池对面。 ☐

D 往前走，食堂在游泳池右边。 ☐

5 你在4，你要去教学楼，该怎么走？

A 往前走，到公园以后往右拐。 ☐

B 往右拐，到食堂以后往右拐。 ☐

C 往前走，到礼堂以后往左拐。 ☐

D 往左走，到礼堂以后往前走。 ☐

八、读下面的文字，选择"是"或"非"。

Read the text below and decide if the statements are 'true' or 'false'.

我们学校叫英王学校。学校有中学部和小学部。中学有一千个学生，
一百五十个老师。小学有五百个学生，六十个老师。我们学校是一所
英文学校，但是学生也学中文和外文。学校有一个大操场，两个教学
楼，一个游泳池，一个食堂。每天，中学生有五节课。小学生有四节
课。下午放学以后，学校有很多课外活动。暑假，学校还有各种各样
的夏令营。欢迎来我们学校参观。

                                                          是   非

1 英王学校没有小学。   ☐   ☐
2 英王学校有五百个中学生。   ☐   ☐
3 英王学校的学生都会英文。   ☐   ☐
4 英王学校没有课外活动。   ☐   ☐
5 英王学校的中学生每天上五节课。   ☐   ☐

挑战 Challenge

九、你理想的学校是什么样的？用本单元学过的词汇进行简单介绍，时间控制在1分钟左右。

What is your ideal school like? Use the vocabulary you've learnt in this unit to give a simple introduction. Keep it within about 1 minute.

小贴士 TOP TIP

好词好句

- 虽然学校只有三层，但设施齐全。

- 一走进学校，就可以看到运动场。

- 一走进实验室，就可以看到学生们正忙着做科学实验。

自我评估 SELF-ASSESSMENT

	☺	😐	☹
I know the vocabulary for the different facilities in a school.			
I can describe my ideal school.			
I can use the sentence structure 虽然……但是……			
I can use the sentence structure 一……就……			
I can express my ideas clearly and fluently.			

十、在 YouTube 或 Bilibili 等视频平台上，找一个描述学校设施的中文视频。观看并记录你所听到的新词汇。

On a video platform such as YouTube, Bilibili or a school website in Chinese, find a video that describes school facilities. Watch the video and assess how much you understand. Jot down any new words you encounter here.

....

....

....

....

....

....

....

挑战 Challenge

十一、写一封电子邮件给你的<u>中国</u>朋友，介绍你的学校。

Write an email to your Chinese friend to introduce your school.

- 你的学校叫什么？

- 你的学校有多少老师，多少学生？

- 你的学校有什么设施？

- 每天你几点上学，几点放学？

- 有什么课外活动？

- 你喜欢你的学校吗？为什么？

用中文写至少150个字。

....

....

....

....

....

....

十二、再看看本单元视频，用中文或拼音回答以下问题：

Watch this unit's video again and answer the following questions in Chinese characters or pinyin:

1 学校有哪些设施？（至少3个）

....

2 学校的哪个设施可以踢足球？

....

3 学生在教室里做什么？

....

4 学生们在礼堂可以做什么运动？

....

5 在餐厅可以吃到什么菜？

....

小试牛刀 Ready?

十三、阅读以下短文，然后回答问题。

Read the passage below and answer the questions.

> 我是李华，在北京的一所中学上学。我的学校非常大，设施齐全。学校有一个大操场，学生们可以在那里踢足球、打篮球。我们还有一个图书馆，里面有很多书，学生们可以在那里阅读和学习。除此之外，学校还有实验室，供学生们进行实验。每个教室都有电子白板。
>
> 最让我喜欢的是我们的音乐室，这里有各种乐器。学校的食堂也非常大，提供健康美味的食物。我们学校每天课后都会组织各种课外活动，让学生们在学习之余也能培养自己的爱好。

1　李华的学校在哪里？

　　...

2　学校有什么运动设施？

　　...

3　学校图书馆有什么？

　　...

4　学校为科学课提供了哪些设施？

　　...

5　教室里有什么设备？

　　...

6　喜欢弹钢琴、弹吉他的同学可以用哪个设施？

　　...

7　食堂有什么？

　　...

8　学校每天课后都会有什么？

　　...

十四、阅读以下四所学校的介绍,选择"是"或"非"。

Read the introductions of the four schools below and decide whether the following statements are 'true' or 'false'.

一 阳光小学

阳光小学是一所小学校,只有三百个学生和二十个老师。学校有一个小图书馆、一个操场和一个食堂。学生们每天上四节课,下午还有一个小时的课外活动时间。

二 星光中学

星光中学有八百个学生和五十个老师。学校设施齐全,有两个操场、一个游泳池、一个实验室和一个礼堂。学生们每天上五节课,学校还经常举办运动会和音乐会。

三 春风国际学校

春风国际学校是一所国际学校,学生来自世界各地。学校有一个大图书馆、两个实验室、一个体育馆和一个音乐室。学生们每天学三门语言: 中文、英文和法文。

四 和平中学

和平中学是一所公立学校,有一千五百个学生和一百个老师。学校有一个足球场、一个篮球场和一个大礼堂。学校每天放学以后有很多俱乐部活动,比如舞蹈俱乐部和篮球俱乐部。

		是	非
1	星光中学有一个游泳池和两个操场。	☐	☐
2	和平中学的学生每天学习三种语言。	☐	☐
3	阳光小学的学生每天上五节课。	☐	☐
4	春风国际学校的学生来自不同的国家。	☐	☐
5	和平中学有一个足球场和舞蹈俱乐部。	☐	☐
6	星光中学经常举办音乐会。	☐	☐

> Part C

zhōu yóu shì jiè

周游世界
The world
around us

天气与气候　tiān qì yǔ qì hòu

13 Weather and climate

词语 Vocabulary

重点 Focus

一、翻译以下词语，并写出拼音。

Translate the following words into Chinese, writing pinyin next to the Chinese characters.

1　raining ....（汉字）..（拼音）

2　cloudy ....（汉字）..（拼音）

3　foggy ....（汉字）..（拼音）

4　drizzling ....（汉字）..（拼音）

5　sunny ....（汉字）..（拼音）

6　snowing ....（汉字）..（拼音）

7　windy ....（汉字）..（拼音）

练习 Practice

二、用下列词语填空，每个词只用一次。

Use the words provided to fill in the gaps. Each word will be used once only.

| 气温　晴天　冬天　凉快　比 |
| 度　到　转晴　暖和　天气 |

1　今天的 .... 不冷也不热，............. 在18 .... 20 .... 左右。

2　北京的 .... 很冷，有时候会下雪。

3　这个星期一直在下雨，但是天气预报说，明天天气将会 .... ，也会变得 .... 一些。

4　今天早上的时候很热，但是晚上会比较 .... 。

5　香港夏天 .... 北京热。

6　天气预报说，明天是 .... ，中午时会很热。

语法 Grammar

练习 Practice

三、改错句。

Correct the sentences.

1 昨天<u>北京</u>下了一雨。

改正：..

2 <u>北京</u>的天气比<u>上海</u>的天气很冷。

改正：..

3 如果明天下雨，我带伞。

改正：..

四、选择正确的词语完成句子。每个词只用一次。

Choose the correct word to fill in each gap. Each word should be used once only.

可能　　可是　　可以

1 你 .... 帮我关门吗？

2 我想去游泳，.............. 天气太冷了。

3 明天 .... 会下雨。

起来　　出来　　出口

4 <u>小明</u>从房间里走 .... 后开心地笑了。

5 随着秋风吹过，空气开始凉 .... 了。

6 请从这边的 .... 离开教室。

五、按照例子，用所给的词语完成句子。

Follow the example and complete the sentences using the words provided.

例：<u>北京</u> / <u>香港</u> / 冷。　　答：<u>北京</u>比<u>香港</u>冷。..........................

1 <u>伦敦</u> / <u>北京</u> / 暖和。

....

2 新加坡 / 悉尼 / 热。

....

3 纽约 / 伦敦 / 冷。

....

4 香港 / 悉尼 / 凉快。

....

5 悉尼的 / 天气 / 新加坡的 / 差。

....

6 纽约的 / 天气 / 伦敦的 / 好。

....

六、按照例子和提示，完成句子。

Follow the example and complete the sentences using the prompts in brackets.

例：（下个星期、下大雨、打篮球） （如果......，就......）

如果下个星期下大雨，我们就不打篮球。

....

1 （下个月、北京、下大雪、穿比较厚的裤子） （如果......，就......）

....

2 （秋天、去上海旅游、外套、气温在十度左右） （如果......，就......，
因为......）

....

3 （经常骑车、要买手套） （如果......，就......）

....

4 （学生、在学校、考试、要带文具） （如果......，就......）

....

5 （夏天、去新加坡、要带雨伞、常常下雨） （如果......，就......，因
为......）

....

小贴士 TOP TIP

Improve your writing!

Practise combining weather terms (for example, 晴天 'sunny day', 下雨 'rainy') with adjectives (for example, 暖和 'warm', 凉快 'cool') to form full sentences.

Example sentences:

今天是晴天，天气很暖和。(Today is a sunny day, and the weather is very warm.)

下雨的时候，天气会变得凉快。(When it rains, the weather becomes cool.)

挑战 Challenge

七、把以下的句子翻译成英文。

Translate the following sentences into English.

1 西安明天晴转多云，气温在二十五度左右。

   ....

   ....

2 上海的冬天不常下雪。

   ....

   ....

3 香港的夏天有时候会下雨，要带雨伞。

   ....

   ....

4 北京冬天下雪，要穿大衣。

   ....

   ....

听说读写练习 Skills

练习 Practice

八、在网上搜索国际城市天气预报，每个洲找一个城市，记录下城市名称、天气和温度。

Search for international city weather forecasts online. For each continent, choose one city and record the city's name, weather conditions and temperature.

洲	城市	天气	温度
亚洲			
欧洲			
北美洲			
南美洲			
非洲			
大洋洲			

九、阅读下面的文字，回答问题。
Read the text and answer the questions.

二十四节气：天气的朋友——给学中文的你

什么是节气？

中国有24个节气，一年有4个季节，每个季节6个节气。它们像天气的"小老师"，告诉人们什么时候冷、热、下雨、下雪。

四个重要的节气

春分（3月）➡ 天气变暖和，白天和黑夜一样长。

大暑（7月）➡ 最热！吃西瓜、游泳最开心！

秋分（9月）➡ 天气凉快，水果变甜，月亮圆圆。

冬至（12月）➡ 白天最短，家人一起吃饺子。

为什么要学习节气？

农民利用节气种菜、收水果。

- 爷爷奶奶说："节气比手机天气预报还准！"

- 你能知道什么时候带伞、穿厚衣服！

试试看！

问你的朋友："今天是什么节气？天气怎么样？"

1 一年有多少个节气？

   ....

2 大暑的时候，人们喜欢做什么？

   ....

3 秋分时节的水果会怎么样？

   ....

4 冬至吃什么？

   ....

5 谁最喜欢利用节气？

   ....

十、再看看本单元视频,然后在正确的选项旁打勾 (✓)。

Watch this unit's video again and answer the following multiple-choice questions.

1 哪个城市今天阳光明媚?

A 北京 ☐   B 上海 ☐   C 广州 ☐   D 哈尔滨 ☐

2 哪个城市今天下雨,气温只有12度?

A 成都 ☐   B 杭州 ☐   C 北京 ☐   D 广州 ☐

3 哪个城市今天的气温是22度,多云但温暖?

A 北京 ☐   B 哈尔滨 ☐   C 广州 ☐   D 成都 ☐

4 哪个城市今天下雪,气温零下8度?

A 上海 ☐   B 哈尔滨 ☐   C 成都 ☐   D 北京 ☐

5 哪个城市今天雨转晴,气温是13度到18度?

A 成都 ☐   B 广州 ☐   C 哈尔滨 ☐   D 北京 ☐

挑战 Challenge

十一、写一篇文章,说一说:

Write an article and talk about:

- 在你居住的城市,天气是怎么样的? (夏天、冬天的气温)

- 人们常常穿什么?

- 你的城市常下雨吗?

用中文写大概80–100个字。

....

....

....

....

....

....

....

....

....

....

....

自我评估 SELF-ASSESSMENT

	☺	😐	☹
I can describe the weather in different seasons.			
I can talk about what people usually wear in different seasons.			
I can use time/frequency words such as 'summer', 'winter' and 'often' to structure my writing.			
I can use adjectives and comparative structures to enrich my descriptions.			

小试牛刀 Ready?

十二、阅读下面的文章，然后在正确的选项旁打勾 (✔)。

Read the article below, then answer the multiple-choice questions.

到马来西亚要穿什么衣服

马来西亚在亚洲的东南地区，一年四季都很热，十月到十二月比七、八月凉快，但还是很热，所以如果你要去马来西亚的话，带汗衫、短裤、外套等简单的衣物就可以了。

有些人不明白为什么到马来西亚要带外套，因为在马来西亚，很多商场、餐厅等都有空调。室外的气温可以比室内的高十度。很多人因为没有带外套，所以生病了，最后得感冒。有些人去爬山的时候也会穿长袖衬衫，因为太强的阳光对皮肤不好，长袖衬衫可以防晒。

李木雷是一个法国人。他在马来西亚的大商场工作。他发现这里的人穿的衣服各式各样，非常好看。他想卖一些又流行又好看的衬衫、裙子和裤子。他希望大家在很热的天气里也能穿得舒服。以前他在法国卖衣服，冬天要卖大衣。但是现在马来西亚一年四季都很暖和，不需要卖大衣。他说："我不可能在这里卖大衣，这里从来不下雪。"

1 马来西亚

   A 在世界的东南地区。 ☐

   B 在冬天的时候会下雪。 ☐

   C 四个季节都很热。 ☐

2 在马来西亚要带外套,因为……

    A 很多人都有感冒。 ☐

    B 空调很冷。 ☐

    C 气温很低。 ☐

3 爬山的时候穿长袖衬衫,因为……?

    A 上午的阳光最强 ☐

    B 室外气温低 ☐

    C 对皮肤好 ☐

4 李木雷觉得……

    A 马来西亚太热,不能卖大衣。 ☐

    B 马来西亚的衣服不好看。 ☐

    C 流行的衣服不舒服。 ☐

5 李木雷在哪里工作?

    A 书店 ☐

    B 服装店 ☐

    C 餐厅 ☐

十三、对话练习。与同学两人一组,回答以下问题。

Conversation practice. Work in pairs and answer the following questions.

1 今天天气怎么样?

2 介绍一个冬天会下雪的地方。

3 说说你的一个下雨天的经历。

    [或]

    下雨天你会做什么? 你觉得下雨天怎么样?

4 晴天和雨天,你更喜欢哪个? 为什么?

    [或]

    你喜欢晴天吗? 为什么?

5 将来有机会,你想体验什么样不同的气候? 为什么?

    [或]

    未来你想在一个天气怎么样的城市居住? 为什么?

交通工具　jiāo tōng gōng jù

14 Transportation

词语 Vocabulary

重点 Focus

一、把以下汉字组合起来，找出与交通工具有关的词语。每个汉字可以用多于一次。

Combine the following Chinese characters and make vocabulary related to transportation. Characters can be used more than once.

汽	共	火	租	铁	车	地	车
出	飞	机	公	马	船		

1 ....   5 ....

2 ....   6 ....

3 ....   7 ....

4 ....   8 ....

二、圈出至少五个交通工具名。

Circle at least five means of transport hidden in the grid below.

新	加	坡	中	国	英	家	日	本
路	地	铁	公	开	出	行	自	国
渡	人	电	交	火	车	租	行	际
船	出	租	车	校	摩	托	车	飞
辆	口	骑	马	来	西	亚	书	机

练习 Practice

三、用下列动词填空，每个词可以用多于一次。

Use the verbs provided to fill in the gaps. The verbs can be used more than once.

骑 坐 走

1 从<u>香港</u>到<u>澳门</u>可以 .... 船或者巴士。

2 我们每年都 .... 飞机从<u>新加坡</u>到<u>伦敦</u>。

3 以前没有汽车，人们都 .... 马代步。

4 <u>田老师</u>每天都 .... 摩托车上班。

5 很多人都喜欢 .... 公交车，因为它方便、便宜。

6 爷爷说 .... 火车从市中心到郊区，可以看看山，看看水，很舒服。

7 .... 路上学要多久？十分钟左右。

8 你往哪里 ....？我现在回去学校。

小贴士 TOP TIP

<u>澳门</u>	Ào mén	Macau
代步	dài bù	to ride instead of walking

语法 Grammar

练习 Practice

四、用下列词语填空，每个词可以用多于一次。

Use the words provided to fill in the gaps. Each word can be used more than once.

然后 最 没有 先 比 更

1 骑自行车 .... 坐公交车快。

2 我住在一个小岛上。每天要 .... 坐船去市中心，............... 坐公交车上班。

3 坐飞机 .... 开车 .... 快。

4 我是班上 .... 高的同学。我 .... 老师还要高。

5 我 .... 坐飞机到<u>上海</u>，.............. 坐火车去<u>南京</u>。

6 坐飞机不 .... 坐火车快吗？

7 巴士 .... 地铁快，所以我喜欢坐地铁。

8 我每天回家 .... 做作业，.............. 看电视。

五、用下列量词填空，每个词可以用多于一次。

Use the measure words provided to fill in the gaps. Each word can be used more than once.

辆 匹 种 班

1 天快要下雨了，我们叫 .... 出租车吧。

2 他会说三 .... 语言，中文、英文、法语。

3 他的花园有很多 .... 花，开得很漂亮。

4 他昨天上班时开了 .... 新车。

5 这名店员卖掉了很多 .... 汽车。

6 哪 .... 火车可以到<u>广州</u>？

7 他家很有钱，有很多 .... 马。

六、重组句子。第一题是例题。

Re-arrange the order of the following sentences so that they make sense. The first one has been done for you.

1 我天天 / 上班 / 出租车 / 坐 / 。
   例：我天天坐出租车上班。
   ....

2 坐 / 到学校 / 走路 / 先 / 我 / 上学 / ， / 然后 / 地铁 / 每天 / 。
   ....

3 来回票 / 单程票 / 要 / 还是 / 你 / ？
   ....

4 巴士 / 的 / 更快 / <u>香港</u> / 地铁 / 比 / 。
   ....

5 体育馆 / 我 / 打羽毛球 / 坐 / 到 / 出租车 / 。
   ....

6 英国 / 姐姐 / 飞机 / 去 / 坐 / 读书 / 。

....

听说读写练习 Skills

挑战 Challenge

七、再看看本单元视频，选择正确的答案。
14
Watch this unit's video again and choose the correct answers.

1 张先生常常选择哪种交通工具？

A 自行车 ☐　　　B 公交车 ☐　　　C 飞机 ☐

2 公交车的票价一般是多少？

A 几十元 ☐　　　B 几元 ☐　　　C 几百元 ☐

3 张先生觉得地铁的优点是什么？

A 堵车 ☐　　　B 票价贵 ☐　　　C 四通八达 ☐

4 在地铁站，乘客怎样买票？

A 用电子支付 ☐　　　B 用现金 ☐　　　C 用信用卡 ☐

5 出租车的价格与公交车和地铁相比如何？

A 更便宜 ☐　　　B 一样 ☐　　　C 更贵 ☐

6 在中国，骑自行车被视为什么样的交通方式？

A 不流行 ☐　　　B 环保 ☐　　　C 不健康 ☐

7 张先生提到的上海磁悬浮列车的特点是什么？

A 速度慢 ☐　　　B 票价很贵 ☐　　　C 速度快 ☐

8 在上海，乘飞机出游体验如何？

A 方便 ☐　　　B 不舒服 ☐　　　C 很多人 ☐

八、角色扮演。把答案填在横线上。

Role play. Write your answers on the lines provided.

（一）

情景：你在天津的火车站买票，售票员问你以下问题。

1 你去哪里？ ....

2 你上午去还是下午？ ....

3 你要几点钟的火车票？ ....

4　你要硬卧还是软卧？ ....

5　你要单程票还是来回票？ ....

（二）

情景：你是学生，老师问你几个与交通有关的问题。

1　你住在市中心吗？ ....

2　你家离学校远吗？ ....

3　你每天怎么上学？ ....

4　要坐 / 走 / 骑多长时间？ ....

5　你最喜欢什么交通工具？为什么？

　　...

6　你以后想学开车吗？为什么？

　　...

九、阅读下面的短文，然后回答问题。

Read the passage below, then answer the questions.

新加坡市的交通工具

新加坡市是亚洲的著名城市。很多人到了新加坡的机场后，就会打车到市中心。坐出租车只要二十分钟左右，十分快。新加坡面积没有香港大，但是它们的交通也很方便。

新加坡的地铁四通八达，可以直接到机场，比坐出租车便宜，所以很多新加坡人都会选择坐地铁。地铁是新加坡最多人乘坐的交通工具。

很多新加坡的居民都会选择在假期去小岛度假，如有名的圣淘沙岛 (Sentosa Island)。他们会先坐地铁，然后坐船去市中心以外的一些小岛。小岛的空气比市中心的更清新，环境更舒服。

新加坡也有巴士，很多人都会选择坐巴士。在这里，如果没有了巴士，很多人上班会不方便。有时候，新加坡也会堵车。想一想，巴士有四千多辆，出租车有两万八千多辆，再加上汽车，新加坡真的是一个很繁忙的地方！

1　新加坡在哪一个洲？

　　...

2 新加坡和香港的交通怎么样?

....

3 从机场到市中心要多久?

....

4 为什么很多新加坡人选择坐地铁到机场?(两个原因)

....

5 新加坡的居民喜欢在什么时候去小岛?

....

6 他们怎么去那些小岛?

....

7 没有了巴士,居民上班怎么样?

....

8 为什么新加坡有时会堵车?

....

十、你的邻居刚搬进你的小区,你想给他一些交通工具的小贴士。写信
说一说:

Your neighbour just moved into your neighbourhood, and you want to give them
some tips about transportation. Write a letter talking about:

• 这小区附近有什么设施?

• 可以坐什么交通工具去那些地方?

• 最方便的是哪一种? 为什么?

• 哪一种不太方便?

• 最早和最晚的车几点开?

• 怎样买车票?

用中文写不少于150个字。

....

....

....

....

....

自我评估 SELF-ASSESSMENT

		☺	😐	☹
I can talk about the facilities available in an area.				
I can describe how to get to places using public transport.				
I can discuss the advantages and disadvantages of different types of transportation.				
I can say what time buses and trains leave.				
I can give instructions on how to buy bus and train tickets.				

小试牛刀 Ready?

十一、学校想了解学生使用交通工具的情况，你的朋友 Peter Smith 请你用中文帮他填写下面的表格。

The school wants to find out about the transportation methods students use. Your friend, Peter Smith, has asked for your help in filling out the following form in Chinese.

学生交通工具使用调查表

姓名	Peter Smith
居住城市	1
常用什么交通工具	2
为什么?	3
价钱	4
不喜欢什么交通工具	5

十二、介绍一下你居住城市的交通工具。写一写：

Write about the transportation in your city. Talk about:

- 你的城市有什么交通工具?
- 你平时怎么上学?
- 最受欢迎的交通工具是什么?
- 受欢迎的原因是什么?
- 价格怎么样?

用中文写80–100个字。

Write 80–100 characters in Chinese.

....

....

....

....

....

14.1 十三、你跟朋友一起聊天,你告诉他你今后五天的交通安排。先看图片,然后听录音,将图片旁的字母分别填入适当的方格内。

You are talking with a friend. You tell him your transportation plans for the next five days. First look at the pictures. Then listen and put the correct letter in the appropriate box.

A

B

C

TAXI

D

E

F

G

1 星期一 ☐   4 星期四 ☐

2 星期二 ☐   5 星期五 ☐

3 星期三 ☐

旅游经历 lǚ yóu jīng lì
15 Holidays: Travel experiences

词语 Vocabulary

重点 Focus

一、用下列词语填空，每个词只用一次。

Use the words provided to fill in the gaps. Each word should be used once only.

地图	首都	酒店	华侨	生气
名胜古迹	建筑	旅游	以为	着急

1 中国的 .... 不是<u>广州</u>，也不是<u>上海</u>，而是<u>北京</u>。

2 每年都有很多游客来到<u>中国</u> ....，他们都喜欢中国的大城市，比如<u>北京</u>、<u>上海</u>。

3 <u>北京</u>是一个老城市，有很多 ....，如<u>天坛</u>、<u>故宫</u>。

4 <u>王安安</u>的爸爸妈妈是<u>香港</u>人，后来去了<u>加拿大</u>。<u>王安安</u>是<u>加拿大</u> ....。

5 我们去了一个餐馆吃饭，食物很贵，但全都是冷的，我们都很 ....。

6 <u>香港</u>的 .... 都很贵，一晚要一千块人民币以上。

7 "我们迷路了，快拿 .... 出来吧。"

8 我找不到手机了，很 ....。

9 他是<u>美国</u>人，我就 .... 他不会讲中文，我真的不对了。

10 在<u>上海</u>的一些地方，有一些西方 .... 特色的大楼。

练习 Practice

二、把左边的问题与右边的答案连起来。第一题是例题。

Match the questions in the left column with the right answers in the right.

The first one has been done for you.

1	你们是哪国人?
2	你们是来旅游的吗?
3	西安有什么名胜古迹?
4	您好, 欢迎。您要去哪儿?
5	你要哪一种火车票?
6	你怎么去北京?

A	我要去南京。
B	我要软卧, 谢谢。
C	我们会坐飞机, 从马来西亚出发, 要五个小时左右。
D	我是印尼华侨, 我爸爸在北京出生。
E	有很多。游客都喜欢兵马俑。
F	对, 我们会在这儿三天。这儿有什么好玩儿的地方?

挑战 Challenge

三、假设你去过北京, 写一写你的旅行经历。写80–100字。

Imagine you went to Beijing. Write about your trip in 80–100 Chinese characters.

要求:

1 用中文写出五个表示过去的时间词。Write five past time expressions.

2 用中文写出在北京你看到什么名胜古迹。Write about some tourist attractions you can visit in Beijing.

语法 Grammar

重点 Focus

四、用"了"/"过"填空。

Use 了 or 过 to fill in the gaps.

1 我们去 ＿＿＿＿＿ 香港旅游了。

2 爸爸去 ＿＿＿＿＿ 北京工作。

3 我学 ＿＿＿＿＿ 汉语。

4 妹妹刚吃 ＿＿＿＿＿ 一个包子。

5 他来北京学 ＿＿＿＿＿ 一年的汉语，就回德国去了。

6 昨天我们一起去 ＿＿＿＿＿ 北海公园。

7 我吃 ＿＿＿＿＿ 烤鸭，那是三年前在北京学中文的时候了。

8 小明写完作业后，就玩电脑游戏去 ＿＿＿＿＿。

9 我没有去 ＿＿＿＿＿ 故宫，下次再来北京的话就去。

10 你暑假做 ＿＿＿＿＿ 什么? 我去 ＿＿＿＿＿ 法国，之前没去 ＿＿＿＿＿。

挑战 Challenge

五、按照例子，重组句子。

Follow the example and rearrange the following sentences.

例：漂亮 / 莱迪 / 很 / 的 / 是 / 。 莱迪是很漂亮的。＿＿＿＿＿＿＿＿＿

1 说 / 学习 / 容易 / 是 / 马老师 / 的 / 汉语 / 。

＿＿＿＿＿＿＿＿＿＿＿＿＿＿＿＿＿＿＿＿＿＿＿＿

2 商店 / 这里的 / 热闹 / 越 / 越 / 来 / 。

＿＿＿＿＿＿＿＿＿＿＿＿＿＿＿＿＿＿＿＿＿＿＿＿

3 越 / 越快 / 跑 / 我 / 已经 / 快 / 比小明 / , / 。

＿＿＿＿＿＿＿＿＿＿＿＿＿＿＿＿＿＿＿＿＿＿＿＿

4 雨伞 / 但是 / 雨 / 大 / 没 / 我 / 越 / 带 / 下 / 越 / , / 。

＿＿＿＿＿＿＿＿＿＿＿＿＿＿＿＿＿＿＿＿＿＿＿＿

5 越来 / 北京的 / 我 / 越 / 景点 / 喜欢 / 旅游 / 。

＿＿＿＿＿＿＿＿＿＿＿＿＿＿＿＿＿＿＿＿＿＿＿＿

听说读写练习 Skills

重点 Focus

六、阅读下面的短文，回答问题，选择"是"或"非"。

Read the text below and answer the questions by choosing 'true' or 'false'.

朋友们谈论他们的假期

小王： 上个星期，我去了印尼的一个小岛。小岛上的风景很美丽。我们在那儿玩儿了五天，走的那天忽然刮大风，然后下雨。

小马： 我和爸爸妈妈上个月去了英国。我们看了几个美术馆。我的美术很好，我喜欢看油画。星期一的早上我们去参观了教堂，教堂的建筑很古老，一定有很久的历史。

一心： 刚放暑假，爸爸妈妈要我去台湾生活一个月。他们说我是华侨，所以要学好中文。在台湾的时候，除了上课，我还跟同学去了山区，那里的风景很漂亮。

		是	非
1	小王去了印尼的一个大城市。	☐	☐
2	小王在那儿的时候，有一天下雨了。	☐	☐
3	小马去了美术馆，因为他喜欢美术。	☐	☐
4	小马是星期天参观教堂的。	☐	☐
5	一心去台湾学中文。	☐	☐
6	一心去看了城市里的风景。	☐	☐

练习 Practice

七、以下是茱迪的舅舅黄阳的日记。阅读日记，然后回答问题。

Below is a diary entry written by Judy's uncle, Huang Yang. Read the diary entry, then answer the questions.

十月二十二日　星期六　晴

上个星期妹妹从英国来看我，我已经很久没见过她和她的女儿茱迪。茱迪现在长得越来越高。她虽然是英国华侨，爸爸不会说中文，但是她的中文还是挺不错的，发音很好，我听得明白。

这是茱迪第一次来中国。她的爸爸妈妈选择了北京和天津。他们在北京的时候，住在我们家。我们家在郊区，茱迪说她很喜欢郊区，因为市中心太吵了。

我们在北京参观了很多名胜古迹，他们最喜欢的是颐和园和北海公园。他们都说故宫游客太多，想照相的地方都没有。茱迪在英国的中学没有学中文，所以我教了她两个成语，一个是"人山人海"，一个是"车水马龙"。好孩子，一教就会。

他们明天就去天津，我们先开车送他们去高铁站，然后他们再坐高铁去。他们在天津不会迷路，因为他们有手机，可以看手机上的地图。

1　茱迪和他的爸妈什么时候来了北京?

....

2　茱迪现在长得怎么样?

....

3　茱迪的中文怎么样?

....

4　为什么茱迪的爸妈选择去北京?

....

5　为什么茱迪喜欢舅舅的家?

....

6　为什么茱迪不喜欢故宫?

....

7　茱迪和她的爸爸妈妈怎么去天津?

....

8　为什么茱迪不会迷路?

....

小贴士 TOP TIP

Focus on question words like 谁 (who), 什么 (what) and 哪里 (where) to know what information to look for.

八、央视会制作关于<u>中国</u>著名旅游景点的纪录片，比如<u>长城</u>。选择并观看其中的一小段视频，然后回答这些问题:

China Central Television (CCTV) produces documentaries about famous Chinese tourist attractions, such as the Great Wall. Choose and watch a short part of a video, then answer these questions:

1 这个景点在哪里?

....

2 它有什么特别的地方?

....

3 你从视频里学到了什么?

....

4 视频里有没有用"了"和"过"? 怎么用的?

....

九、回想你去过的一次旅行，口头回答以下问题:

Think about a time when you went on holiday and answer the following questions orally.

1 你去了哪里?

2 在那个地方，你看了什么旅游景点?

3 你喜欢这个城市 / 国家吗? 为什么?

4 那次旅行中你最喜欢的是什么? 比如食物、建筑? ［停顿］为什么?

5 你从那次旅行中学到了什么? ［停顿］说说你的感想。

自我评估 SELF-ASSESSMENT

	☺	😐	☹
I can describe a place I've been to and talk about its main attractions.			
I can say whether I enjoyed visiting a place and explain why.			
I can describe my favourite part of a trip and explain why.			
I can share what I learnt from a trip and express my thoughts coherently.			

挑战 Challenge

十、再看看本单元视频，然后填空。
15
Watch this unit's video again, then fill in the gaps.

1 长城是中国 .... 的象征。

2 上海的外滩有很多 .... 的建筑。他们在外滩拍了很多 .... 。

3 西湖在中国的 .... 。西湖 .... 如画，是一个放松的好地方。

4 西湖很美，他们坐 .... 游览了西湖。

5 熊猫基地在 .... 。熊猫是中国的 .... 。熊猫非常 .... 。

6 这里的 .... 风格独特，充满了 .... 感。

小试牛刀 Ready?

十一、以下短文 A–D 分别介绍了中国的四个大城市。阅读以下文字，选择正确的答案，在方格里打勾 (✓)。

Read the following short texts (A–D). Choose the one correct answer and tick the box.

> **A 北京**
>
> 北京是中国的首都，有很多历史景点，比如故宫和天安门广场。北京的冬天很冷，但是春天和秋天的天气很好，很适合旅游。
>
> **B 上海**
>
> 上海是中国的大城市之一，有很多现代建筑，比如东方明珠塔。上海的夜景非常美丽，是中国的经济和文化中心之一。
>
> **C 香港**
>
> 香港是一个国际城市，有很多购物中心和美食。香港的天际线非常著名，也有很多海滩和公园。
>
> **D 广州**
>
> 广州是中国南部的大城市，以美食和温暖的气候闻名。广州有很多公园和博物馆，是中国重要的商业和文化中心。

1 想看历史建筑应该去哪个城市？

A ☐   B ☐   C ☐   D ☐

2 哪个城市是国际城市？

A ☐   B ☐   C ☐   D ☐

3 哪个城市的夜景很美丽？

A ☐   B ☐   C ☐   D ☐

4 哪个城市以美食闻名？

A ☐   B ☐   C ☐   D ☐

5 哪个城市的春天和秋天天气很好？

A ☐   B ☐   C ☐   D ☐

十二、阅读以下短文，然后在正确的选项旁打勾 (✓)。

Read the following text and answer the multiple-choice questions.

张伟的旅游经历

我叫张伟，去年夏天我第一次去中国旅游。我参观了北京的故宫，上海的外滩，还有广州的白云山。在旅行中，我最喜欢的是品尝不同的中国美食，比如北京烤鸭、上海小笼包和广州的早茶。

在北京，我乘坐地铁非常方便。上海的夜景非常美丽，我乘坐游船在黄浦江上欣赏了夜景。在广州，我和当地的朋友一起爬山，感受到了大自然的美。

这次旅行让我对中国的文化和历史有了更深的了解。我还学了一些简单的中文，比如"你好""谢谢"和"再见"。

1 张伟去年夏天去了

A 日本。☐   B 泰国。☐   C 中国。☐

2 张伟在北京最喜欢的活动是

A 爬山。☐   B 品尝北京烤鸭。☐   C 乘坐游船。☐

3 在上海，张伟晚上做了什么？

A 爬白云山。☐   B 乘游船看夜景。☐   C 吃小笼包。☐

4 张伟在广州与朋友一起

A 乘坐地铁。☐   B 爬山。☐   C 品尝早茶。☐

5 张伟这次旅行学会了一些

A 中文文章。☐   B 中文句子。☐   C 中文成语。☐

旅游计划 lǚ yóu jì huà

16 Holiday plans

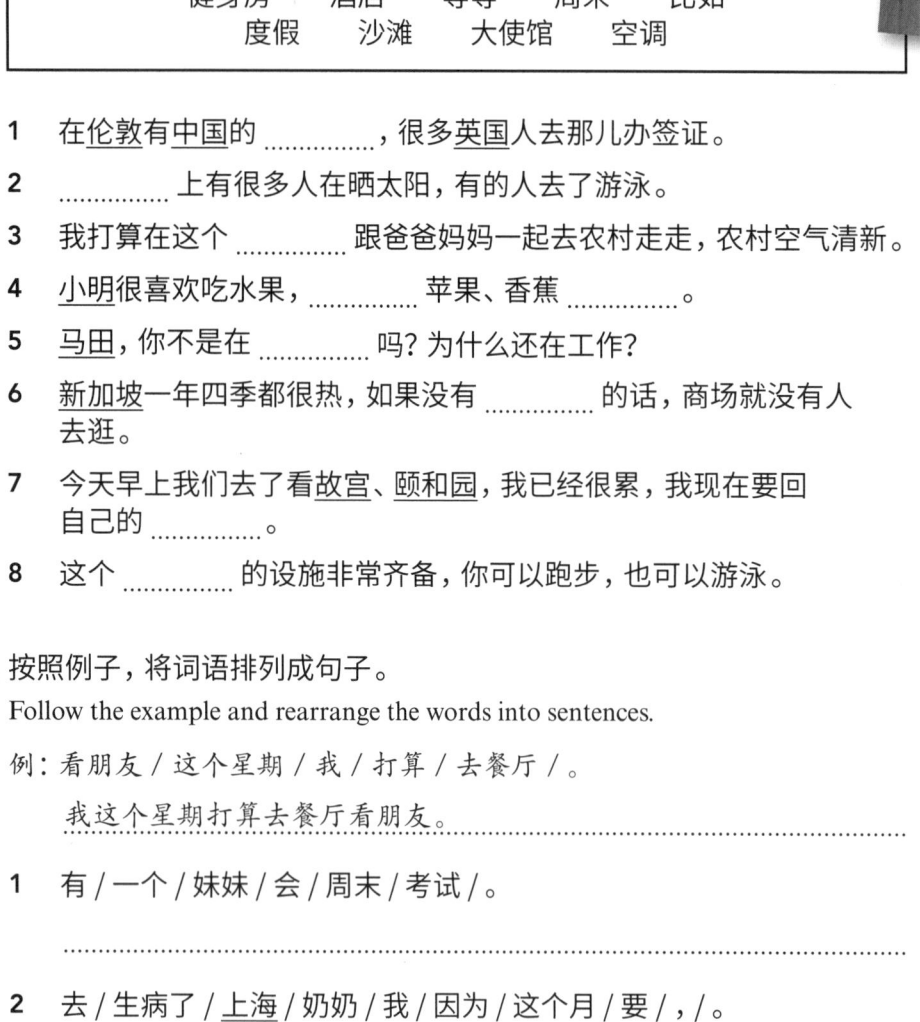

词语 Vocabulary

练习 Practice

一、用下列词语填空，每个词只用一次。

Use the words provided to fill in the gaps. Each word should be used only once.

健身房	酒店	等等	周末	比如
度假	沙滩	大使馆	空调	

1 在伦敦有中国的 .... ，很多英国人去那儿办签证。

2 .... 上有很多人在晒太阳，有的人去了游泳。

3 我打算在这个 .... 跟爸爸妈妈一起去农村走走，农村空气清新。

4 小明很喜欢吃水果， .... 苹果、香蕉 .... 。

5 马田，你不是在 .... 吗? 为什么还在工作?

6 新加坡一年四季都很热，如果没有 .... 的话，商场就没有人去逛。

7 今天早上我们去了看故宫、颐和园，我已经很累，我现在要回自己的 .... 。

8 这个 .... 的设施非常齐备，你可以跑步，也可以游泳。

二、按照例子，将词语排列成句子。

Follow the example and rearrange the words into sentences.

例：看朋友 / 这个星期 / 我 / 打算 / 去餐厅 / 。

我这个星期打算去餐厅看朋友。 ....

1 有 / 一个 / 妹妹 / 会 / 周末 / 考试 / 。

....

2 去 / 生病了 / 上海 / 奶奶 / 我 / 因为 / 这个月 / 要 / , / 。

....

3 去旅行社 / 我 / 好玩儿的 / 打算 / , / 欧洲 / 看看 / 有什么 /
下个星期 / , / 。

....

....

4 参加 / 篮球比赛 / 一个 / 下个月 / 我 / 会 / 青年 / 。

....

5 去法国玩儿 / 会 / 导游 / 下个星期 / 带 / 我们 / 。

....

语法 Grammar

练习 Practice

三、改错句。

Correct the following sentences.

1 这个星期我打算发电子邮件与旅行社。

改正: ....

2 寒假将要出发,必须准备护照、签证,别忘了带背包。

改正: ....

....

3 我打算下个月要会去重庆旅行。

改正: ....

4 下个星期我打算去北京参观我的朋友。

改正: ....

四、按照例子,用"比如......等等"改写下面的句子。

Follow the example and rewrite the sentences using 比如......等等.

例: 原句: 我们旅行时可以参观很多历史古迹,有城堡、庙宇、教堂和
宫殿。

改写: 我们旅行时可以参观很多历史古迹,比如城堡、庙宇、教堂和
宫殿等等。
....

1 原句：自驾游时，我们可以看到多种自然景观，有山、湖、沙滩、瀑布和森林。

改写：..

....

2 原句：旅行过程中可以体验多样的活动，有徒步、骑行、划船和露营。

改写：..

....

3 原句：我们可以体验各种各样的旅游方式，跟旅行团游、自助游、自驾游。

改写：..

....

4 原句：出国旅游时，我们可以尝试多种美食，有当地小吃、甜点和饮品。

改写：..

....

听说读写练习 Skills

练习 Practice

五、角色扮演。把答案填在横线上。

Role play. Write your responses on the lines provided.

（一）

情景：你要在北京的星海酒店订一个房间。你跟经理对话。

经理：您好，星海酒店。您叫什么名字？

你：　1 ....。我要订房。

经理：没问题。您哪一天来？

你：　2 ....。

经理：您会待几天几夜？

你：　3 ....。

经理：您要空调房吗？

你： **4** ....。

经理：您要单人房还是双人房？

你： **5** ....。

（二）

情景：你跟一个中国朋友在谈论旅游计划。

中国朋友：你要去中国哪里？

你： **6** ....。

中国朋友：你打算坐飞机去还是坐火车去那里？

你： **7** ....。

中国朋友：那儿有什么名胜古迹？

你： **8** ....。

中国朋友：那儿天气怎么样？

你： **9** ....。

中国朋友：你要在那儿做什么？

你： **10** ....。

六、把左边的句子与右边的连起来。第一题是例题。

Match the sentences in the left column with those in the right. The first one has been done for you.

1	马来西亚常常下雨，		A	所以我打算在那儿看古迹。
2	旅行社的导游会带你去不同的地方玩儿，		B	你要带雨伞。
3	如果旅游时感冒了，		C	所以要去大使馆办签证。
4	因为北京是一个古城，		D	就马上去看医生。
5	很多旅馆都严禁旅客吸烟，		E	所以要自己看地图。现在手机上有地图，很方便。
6	去一个国家旅游，		F	因为这会引起火灾，十分危险。
7	我们没有导游，		G	他们都知道哪里拍照最好。
8	我是英国人，下个月我要去中国，		H	一定要带自己的护照。

挑战 Challenge

七、阅读下面的对话，然后回答问题。谁做了 / 要做以下的事情？把正确的字母填在方格内。

Read the following conversations, then answer the questions. Who did/is going to do the following? Put the correct letter in the box provided.

> 王美美： 我的中文老师最近去了杭州，她去看了西湖。西湖很有名，在长江附近。西湖的风景非常美丽，所以每年都有很多人去杭州看西湖，也到那儿去拍照。我打算这个暑假的时候去，我不用请导游，因为我在那儿有好几个朋友，他们就是我的导游。从杭州我可以坐火车去上海，从上海去日本很方便。
>
> 马天生： 我自己喜欢欧洲。我的家在英国，爷爷奶奶都在伦敦。我们最喜欢放假的时候去公园野餐。英国夏天的天气不冷也不热，非常凉快。有时候我们很想吃中餐，所以会去市中心的中国城。我常常用中文点餐，我以为自己的发音不好，但是服务员都明白，还说我的中文很不错。将来我想去香港，因为我有很多中国朋友住在香港。
>
> 山田一龙： 我住在香港，但每个寒假我们都会去日本，因为日本是我的家。但是，这一次爸爸妈妈打算三月底的时候去大阪，因为他们很想看花，他们说三月的花开得最好看。我们打算在那儿一边看花儿，一边野餐。
>
> 李庆： 我打算下个月去马来西亚旅游，我非常想去海滩。但是我发现自己没有办旅游签证，也找不到自己的护照。我已经订了酒店，还订了两个星期，怎么办？我寒假的时候还得回英国看外祖父。

A 李庆	B 山田一龙	C 山田一龙的父母	D 马天生
E 马天生的爷爷奶奶	F 王美美	G 王美美的老师	

1 订了马来西亚的酒店。　　　　☐

2 在杭州有好几个朋友。　　　　☐

3 喜欢在英国的公园野餐。　　　☐

4 在餐厅用中文点餐。　　　　　☐

5 看了西湖的风景。　　　　　　☐

6 寒假的时候去看外祖父。

7 去日本看很美的花。

8 想去海滩。

八、再读一遍练习七的文本，回答问题。
Read the text in Exercise 7 again and answer the questions.

1 王美美暑假去杭州时为什么不需要请导游？

....

....

2 马天生为什么想去香港？

....

3 山田一龙打算三月在日本做什么？

....

4 李庆下个月的计划是什么？

....

5 李庆为什么一定要回英国过寒假？

....

练习 Practice

九、在社交媒体上搜索"北京三日游""上海三日游"等旅行攻略，从中获取目的地、时间、活动和交通等信息，并记录下来。
Search for terms such as '3-day Beijing tour' and '3-day Shanghai tour' on social media platforms. Extract and document the following details: destinations, durations, activities, transportation information and precautions.

目的地	
旅行时间	
活动安排	
交通方式	
注意事项	

练习 Practice

十、寒假，你打算去中国旅行。用中文完成这份旅行计划表。

In the winter holidays, you plan to travel to China. Complete this travel planning form in Chinese.

旅行计划表

出发日期:	十二月二十日
1　打算去多长时间?	
2　想去哪些城市?	
3　打算怎么去?	
4　要带什么衣服?	
5　想住哪里?	

16

十一、再看看本单元视频，然后在正确的选项旁打勾 (✓)。

Watch this unit's video again and answer the following multiple-choice questions.

1　暑假他们打算怎么去杭州?

　　A 坐火车 ☐　　B 坐飞机 ☐　　C 开车 ☐　　D 坐高铁 ☐

2　杭州夏天的气温大约是多少度?

　　A 25度左右 ☐　　　　　　　B 30度左右 ☐
　　C 35度左右 ☐　　　　　　　D 40度左右 ☐

3　在杭州西湖租船游览的费用是多少?

　　A 一小时一百块 ☐　　　　　　B 一小时一百五十块 ☐
　　C 一小时两百块 ☐　　　　　　D 一小时两百五十块 ☐

4　你们计划在杭州停留几天?

　　A 一天 ☐　　B 两天 ☐　　C 三天 ☐　　D 四天 ☐

5　在中国，他们旅行先去哪儿? 再去哪儿?

　　A 杭州 → 西安 → 重庆 → 拉萨 ☐

　　B 杭州 → 重庆 → 西安 → 拉萨 ☐

　　C 西安 → 杭州 → 重庆 → 拉萨 ☐

　　D 杭州 → 拉萨 → 重庆 → 西安 ☐

小试牛刀 Ready?

十二、阅读下面的文字，选择正确的答案，回答问题。

Read the following text and choose the correct answers.

旅行团 A 北京五天游

每人3200元。住城里酒店，坐空调巴士去故宫、长城和天坛。早上参观天安门，中午吃北京烤鸭和面条。晚上逛老胡同，听导游讲历史故事。适合喜欢老房子和拍照的家庭。

出发时间: 每星期五晚上

旅行团 B 印尼六天游

每人5500元。住海边房子，每天在海边泳池游泳、潜水等。还可以坐船看彩色小鱼和古老神庙，晚上吃烤鱼和水果。父母可以做按摩，孩子能玩水。记得带太阳帽和游泳衣！

出发时间: 每星期二、四早上

旅行团 C 日本七天游

每人8800元。住城市酒店，上午学做寿司，下午吃鸡肉，晚上逛市场吃拉面。在京都做甜点，在东京吃新鲜鱼。

出发时间: 每星期一

旅行团 D 新加坡四天游

每人4800元。住市中心酒店，走路就能到商场。上午买衣服和包，下午看鱼尾狮拍照，导游带你去便宜的市场和高级商店，帮你用中文讲价。适合喜欢买东西的朋友。

出发时间: 每星期天

1 黄英想买很多衣服和包，还喜欢吃海鲜。她应该选......团

A ☐   B ☐   C ☐   D ☐

2 王爷爷对历史故事感兴趣，想和孙子看故宫。他应该选......团

A ☐   B ☐   C ☐   D ☐

3 小林想学做寿司，还爱吃新鲜鱼。最适合……团。

A ☐　　　　B ☐　　　　C ☐　　　　D ☐

4 张阿姨想带孩子游泳，她需要……团。

A ☐　　　　B ☐　　　　C ☐　　　　D ☐

5 小林是中国人，她希望花不多于五千元，并体验外国文化。最适合他的是……团。

A ☐　　　　B ☐　　　　C ☐　　　　D ☐

十三、你的朋友王明要去一个国家旅游。给他写一封电子邮件，说一说：

Your friend Wang Ming is going to visit another country. Write an email to your friend and talk about:

- 这个国家有什么名胜古迹？
- 旅游的时候要带什么？
- 那个国家的天气、交通怎么样？
- 你打算去这个国家吗？为什么？

用中文写150个字以上。

收件人：

发件人：

主题：旅游计划

自我评估 SELF-ASSESSMENT

	☺	😐	☹
I can talk about reasons for wanting to visit a different country and what its main attractions are.			
I can discuss what items to pack for a trip.			
I can describe the weather and transportation in a different country.			
I can use connectors such as 因为……所以……, 此外 and 另外 for coherence.			
I can use the correct email format, with recipient, sender, subject, greeting, body and closing.			

公共服务与海关 *gōng gòng fú wù yǔ hǎi guān*

17 Public services and customs

词语 Vocabulary

重点 Focus

一、给词语分类。

Put the words into the correct column.

| 申请信用卡 买邮票 换钱 寄信 开户 |
| 寄明信片 取钱 取邮包 存钱 买信封 |

1 在邮局可以做什么?	2 在银行可以做什么?

挑战 Challenge

二、你计划和家人去旅游，上网查找以下资料。

You plan to travel with your family. Search for the following information online.

1 你们城市里有哪些航空公司?

..................、..................、..................、..................、..................

2 去哪些国家不用办旅游签证?

..................、..................、..................、..................、..................

3 哪些国家需要办旅游签证?

..................、..................、..................、..................、..................

4 最后，我打算和家人坐 ＿＿＿＿＿＿＿＿（航空公司）去 ＿＿＿＿＿＿＿＿
（国家）旅游。

语法 Grammar

练习 Practice

三、用下列字填空。

Use the words provided to fill in the gaps.

也　　都

1 小明来中国五年了，但是他一句中文 ＿＿＿＿＿＿ 不会说。

2 姐姐说: 我喜欢游泳。妹妹说: 我 ＿＿＿＿＿＿ 喜欢!

3 张天明全家人 ＿＿＿＿＿＿ 在上海旅游。

4 我们学校每个老师 ＿＿＿＿＿＿ 是大学毕业。

5 陈老师是美国人，因此美国历史他什么 ＿＿＿＿＿＿ 知道。

6 陈老师和他的爸爸妈妈 ＿＿＿＿＿＿ 是美国人。

7 昨天下雨，今天 ＿＿＿＿＿＿ 下雨。

8 你们的学校很大，我们的 ＿＿＿＿＿＿ 很大。

9 你 ＿＿＿＿＿＿ 在中国住了十年多了，还不会讲中文吗?

10 你们 ＿＿＿＿＿＿ 都是学生吗?

> **小贴士 TOP TIP**
>
> "也"和"都"都表示一样。但在"每"后面一般都用"都"，而且"都"也有表示全部的意思。

四、用下列量词填空。

Use the measure words provided to fill in the gaps.

本　　张　　封

1 一 ＿＿＿＿＿＿ 桌子　　　　6 六 ＿＿＿＿＿＿ 电子邮件

2 两 ＿＿＿＿＿＿ 小说　　　　7 七 ＿＿＿＿＿＿ 信

3 三 ＿＿＿＿＿＿ 床　　　　　8 八 ＿＿＿＿＿＿ 表

4 四 ＿＿＿＿＿＿ 杂志　　　　9 九 ＿＿＿＿＿＿ 支票

5 五 ＿＿＿＿＿＿ 纸　　　　　10 十 ＿＿＿＿＿＿ 明信片

挑战 Challenge

五、按照例子，用"除了……以外，……还……"造句。

Follow the example and use 除了……以外，……还…… to make sentences.

例：我家 / 附近 / 有 / 公车站 / 有 / 医院。

我家附近除了有公车站以外，还有医院。

1 我的学校 / 中文 / 有 / 英文和德语。

2 去上海 / 可以 / 坐飞机 / 可以 / 坐火车。

3 香港的夏天 / 会 / 下雨 / 会 / 很热。

4 李冬 / 会 / 打篮球 / 会 / 踢足球。

六、按照例子，用"除了……以外，……都……"造句。

Follow the example and use 除了……以外，……都…… to make sentences.

例：爸爸 / 我们 / 会说中文。

除了爸爸以外，我们都会说中文。

1 李桥 / 我们 / 喜欢 / 画画儿。

2 陈老师 / 这里的中文老师 / 喜欢 / 看电影。

3 他一个人 / 这一班 / 的 / 中文 / 不 / 好。

....

....

4 这个城市 / 这个国家 / 很多 / 地方 / 下雪。

....

....

七、将以下句子翻译成英文。

Translate the following sentences into English.

1 我喜欢听着音乐做作业。

....

....

2 我喜欢在食堂坐着吃午饭。

....

....

3 我们去餐厅, 因为餐厅还开着。

....

....

4 过海关时, 要拿着护照。

....

....

5 妹妹哭着说, 她丢了十块钱。

....

....

听说读写练习 Skills

挑战 Challenge

八、阅读下面的短文，然后回答问题。

Read the passage below, then answer the questions.

旅游前的准备

在香港，很多人都喜欢旅游，因为旅游可以看看世界，又可以认识新朋友，但是旅游前要准备很多东西。

虽然拿着香港护照的人在很多地方都不用签证，但是出发前应该先查清楚。很多人喜欢去美国，这样要先去美国领事馆办签证。美国的签证不便宜，而且申请的时候要填写很多文件。

以前去旅游的时候，有人会拿旅游支票，然后在当地取钱，这样就不怕丢失现金。现在很多人都选择用信用卡买东西，十分简单。

有人也喜欢写明信片，把那里最漂亮的风景寄给好朋友。明信片的邮票一般不贵，有时候在酒店也可以买到邮票。但是现在大家都发短讯、或上社交网站表达问候了。

1　香港人喜欢旅游的两个原因？

　　a　...

　　b　...

2　香港人去哪个国家旅游时要办签证？

　　...

3　要办那个国家的签证的话，要去哪儿？

　　...

4　申请那个国家的签证时，要做什么？

　　...

5　为什么以前有些人去旅游时会拿旅游支票？

　　...

6　现在的人可以用什么方法买东西？

　　...

7 在哪里可以买到明信片的邮票?

....

九、再看看本单元视频,然后填空。
17
Watch this unit's video again, then fill in the gaps.

1 当游客旅游时,第一个到达的地方就是 ....。

2 当旅客到达海关,需要填写入境卡,还要准备好 .... 和机票。

3 海关职员可能会问一些 .... 的问题。

4 我来中国旅游,因为想学习中国的 .... 和文化。

5 在旅行中,旅客如果需要,可以把外币 .... 成人民币。

6 如果你想给家人或朋友寄明信片,你要去 ....。

7 你也可以寄信和邮包,但需要填写邮寄 .... 的表格。

8 希望这些 .... 能帮助你!

练习 Practice

十、张力在邮局与邮局职员对话。用下列词组填空。
Zhang Li is talking to a clerk in a post office. Use the words provided to fill in the gaps.

一共	马来西亚	明信片	里面	还要别的吗

张力: 您好,我要寄一张1 ....。请问邮票一枚多少钱?

邮局职员:您要寄到哪儿?

张力: 我要寄到2 .... 去。

邮局职员:要寄航空吗?

张力: 是航空,谢谢。

邮局职员:您要寄多少张?

张力: 一张。

邮局职员:3 ....?

张力: 我还要把包裹寄给一个在印尼的朋友。

邮局职员:4 .... 是什么?

张力: 是一本书。

邮局职员：我要看看有多重。一枚到<u>马来西亚</u>的邮票五块，一个到<u>印尼</u>的
包裹三十五块。5 .... 四十块。

张力：　　好的，谢谢。

挑战 Challenge

十一、角色扮演。把答案填在横线上。

Role play. Write your answers on the lines provided.

（一）

情景：你到了<u>中国</u>的海关。海关职员向你提问。

海关职员：你叫什么名字？

你：　　　1 ....

海关职员：你是哪国人？

你：　　　2 ....

海关职员：你为什么要来<u>中国</u>?

你：　　　3 ....

海关职员：你会在这儿待多久？

你：　　　4 ....

海关职员：你填"外国人入境卡"了吗？

你：　　　5 ....

（二）

情景：你在邮局。邮局职员向你提问。

邮局职员：你好！邮包寄到哪儿？

你：　　　6 ....

邮局职员：邮包里面是什么？

你：　　　7 ....

邮局职员：还要别的吗？

你：　　　8 ....

邮局职员：你想要几枚邮票？

你：　　　9 ....

自我评估 SELF-ASSESSMENT

	☺	☺	☹
I can clearly state my name and nationality.			
I can accurately answer how long I plan to stay somewhere and give my reasons for being there.			
I can confidently fill in a Chinese arrivals card.			
I can clearly specify how many stamps I'd like to buy, where I'd like to send a package and describe what is inside it (at a post office).			

小试牛刀 Ready?

十二、阅读以下短文。选择正确的答案，在方格里打勾 (✓)。

Read the following text. Choose the correct answer and put a check mark (✓) in the box.

给第一次来中国的你

A 北京

暑假想带你的孩子去北京玩儿吗？他们一定会很喜欢这个首都城市。北京有很多孩子们都喜欢的博物馆，比如故宫、首都博物馆。你也可以带孩子去参观美术馆。

B 上海

上海的交通四通八达，让你方便去不同的城市。去北京、广州、香港等城市坐飞机的话都不远。上海的地铁非常方便，去上海的话一定要坐坐那里的地铁。游客到上海旅游可以去豫园、外滩、城隍庙和迪士尼乐园游玩。

C 桂林

桂林的自然风景非常漂亮，有"桂林山水甲天下"之称。人们喜欢在漓江上划船，也可以做很多的户外活动。桂林旅游的最佳季节是4月到10月，这段时间气候宜人，景色特别优美。

D 广州

广州是一个注重绿化的城市。周末的时候，爸爸妈妈们会带孩子们去公园玩儿。有的公园内，游客除了可以观赏山上的树林，还可以漫步在草地和湖边，看成群的鸭子在湖中戏水。

1 哪个城市的自然风景非常漂亮？

A ☐　　　B ☐　　　C ☐　　　D ☐

2 哪个城市有很多树林？

A ☐　　　B ☐　　　C ☐　　　D ☐

3 哪个城市交通方便？

A ☐　　　B ☐　　　C ☐　　　D ☐

4 哪个城市可以更好地认识中国历史？

A ☐　　　B ☐　　　C ☐　　　D ☐

5 哪个城市的附近有山有水？

A ☐　　　B ☐　　　C ☐　　　D ☐

6 哪个城市可以划船？

A ☐　　　B ☐　　　C ☐　　　D ☐

7 哪个城市可以去迪士尼乐园游玩？

A ☐　　　B ☐　　　C ☐　　　D ☐

8 哪个城市是中国的首都？

A ☐　　　B ☐　　　C ☐　　　D ☐

十三、你今天刚从中国旅游回来，写一篇旅游日记。你可以说一说：

You are just back from a trip to China today. Write a travel diary. You can talk about:

- 你去了哪个城市？
- 你在机场做了什么？
- 海关人员问了你什么？
- 你在飞机上吃了什么？
- 你明年想再去中国吗？为什么？

用中文写150个字左右。

....

....

....

....

....

....

> Part D

gōng zuò yǔ zhí yè guī huà

工作与职业规划

The world
of work

实习　shí xí

18 Work experience

词语

重点

一、翻译以下词语，并写出拼音。

1 to have to, must .... （中文）..................... （拼音）

2 no need to .... （中文）..................... （拼音）

3 to forbid, not allowed .... （中文）..................... （拼音）

4 to be sure .... （中文）..................... （拼音）

5 can .... （中文）..................... （拼音）

6 to hope .... （中文）..................... （拼音）

7 to need .... （中文）..................... （拼音）

8 should .... （中文）..................... （拼音）

9 to be willing to .... （中文）..................... （拼音）

练习

二、猜一猜他（或她）是什么职业？把正确的字母写在方格里。

A 运动员	B 老师	C 科学家　　D 司机
E 护士	F 经理	G 演员

1 他在医院工作，他照顾病人，比如量体温、记录病情，
   还和医生一起工作。　　□

2 她经常做实验，以前是一个学化学的学生。　　□

3 他喜欢演戏，他拍过很多美国电影。　　□

4 她每天开出租车，接上班、下班的人。　　□

5 他在英国很有名，他的工作是参加足球比赛。 ☐

6 她在一家公司工作，管理一个团队。 ☐

7 他在一所大学工作，学生都很喜欢他的课。 ☐

三、用下列词语填空。每个词只用一次。

公司	放假	理发	结束	年轻人	本来
继续	按照	满意	当然	决定	安排

1 这个周末你有什么 .... 吗？

2 他出院后，马上 .... 工作。

3 因为新工作的关系，他今天早上去了 ....。

4 表演 .... 后，我就会回家。

5 .... 提高了汽车的价格，现在每一辆车都很贵。

6 .... 时，我喜欢什么都不做，因为平时工作太忙了。

7 .... 我今天要去日本的，但是因为工作的关系，只好明年去。

8 广场上有几个 .... 在表演，但唱的歌都很老。

9 你感冒了，应该 .... 医生的话好好的休息。

10 陈经理对王天生的工作很 ....。

11 在香港，坐地铁 .... 要买票。

12 爸爸妈妈都给孩子 .... 明年学习什么科目。

四、用下列词语填空。每个词只用一次。

不一定	大概	满意	说话人
必须	希望	地点	安排

我的工作周

今年，我的学校 1 ＿＿＿＿＿ 了我们到不同的公司工作。我班上
2 ＿＿＿＿＿ 有二三十个同学，有两个跟我一样去医院工作，但是我们
的工作 3 ＿＿＿＿＿ 不同，他们的都在市中心，我的在郊区。

到了医院后，有人跟我说我们上班 4 ＿＿＿＿＿ 准时。我看一看
5 ＿＿＿＿＿，原来是我的舅舅。我舅舅是医生，在这儿工作三年了。

我 6 ＿＿＿＿＿ 以后当医生，因为我觉得当医生可以帮助别人。我舅舅
对我的工作很 7 ＿＿＿＿＿，但是他跟我说，我 8 ＿＿＿＿＿ 要做医生，
也可以当老师、警察。

语法

重点

五、勾选 (✓) 合适的汉字填空。

	给	跟
1　你什么时候 ＿＿＿＿＿ 我一起去图书馆？	☐	☐
2　爸爸每天 ＿＿＿＿＿ 我们做饭。	☐	☐
3　你到了英国以后，请 ＿＿＿＿＿ 爸爸妈妈写信。	☐	☐
4　小王 ＿＿＿＿＿ 小天一起去了公园跑步。	☐	☐
5　下周你 ＿＿＿＿＿ 谁一起去上海旅游？	☐	☐
6　我昨天 ＿＿＿＿＿ 邻居一起野餐。	☐	☐
7　因为今天下雨了，所以我妈妈 ＿＿＿＿＿ 我带了一把伞。	☐	☐
8　男朋友 ＿＿＿＿＿ 我做了一个大蛋糕。	☐	☐
9　今天是你生日，小天 ＿＿＿＿＿ 你买了什么？	☐	☐
10　老师不 ＿＿＿＿＿ 我们在课上睡觉、听音乐。	☐	☐

练习

六、按照例子，翻译以下句子。

例：There are three or four people here. ➜ ....这里有三四个人。..........

1 We will stay in Beijing for one or two days.

....

2 Our teacher drank two or three cups of coffee yesterday.

....

3 I waited for you for five to six minutes.

....

4 They came to the library three or four times last week.

....

听说读写练习

练习

七、以下是赵世明的演讲。阅读下面的演讲，然后回答问题。

> 校长、老师、同学们：
>
> 你们好，谢谢刚才王天生的演讲。今天我很高兴，因为在这个暑假，我去了一个超市实习，学到了很多东西。
>
> 很多人觉得学生不应该在假期工作，但是我觉得实习很有意思。在假期的时候，我们年轻人喜欢跟朋友一起玩，可是工作和玩是不同的事情。我觉得我们应该好好利用假期，学习新东西。
>
> 在超市，我每天早上八点去上班。我先帮忙整理货架，把牛奶、水果、蔬菜放好。然后，我要帮顾客找他们需要的东西。我还在收银台帮忙收钱。午饭以后，我学习怎么用电脑点货。超市的经理和同事都对我的工作很满意，他们说我很认真。
>
> 虽然很多人说我以后可以继续做超市的工作，但我更想当厨师。我喜欢做饭，将来想在一个大饭馆工作。谢谢大家！

1 为什么赵世明很高兴？

....

2 年轻人喜欢在假期做什么？

....

3 赵世明觉得应该用假期做什么？

....

4 赵世明每天早上八点要做什么？

....

5 午饭以后赵世明学什么？

....

6 超市的经理和同事怎么评价赵世明？

....

7 很多人觉得赵世明以后可以做什么工作？

....

8 赵世明以后想做什么？

....

八、学生如何为未来做好准备？进行一些在线研究，观看有关工作经验的视频，并列出8个要点。与同学们分享你的发现，并讨论在职场取得成功的关键因素。

中学生要如何为未来做准备？

小贴士
对于不会读的词语，在旁边写上拼音。

例子：如果想在中国工作的话，要学好中文。

1 ....

2 ....

3 ....

4 ....

5 ....

6 ....

7 ....

8 ....

挑战

九、假如你是<u>林小明</u>，写一篇关于你的暑期实习的博客文章。用不少于150个字，描述以下内容：

- 你的实习公司是做什么的？

- 你每天都做了哪些工作？

- 你在实习中学到了什么？

- 你觉得这次实习怎么样？

- 以后你想从事什么行业？为什么？

练习

十、再看看本单元视频，假如你是<u>李金明</u>，写一篇日记，讲述自己在一家<u>中国</u>公司当实习生的经历。用中文写不少于150个字。

自我评估

		☺	😐	☹
I can describe a job and what it entails.				
I can talk about an internship experience in detail.				
I can use past tense expressions to talk about personal growth.				
I can write a diary entry in Chinese.				

小试牛刀

🎧 18.1

十一、学校记者采访王天生、刘一红、张云的老师李老师。听下面的采访，然后在正确的选项旁打勾 (✓)。

1　当学校记者问起假期实习的事时，李老师的态度是：

　　A 正面的　☐

　　B 负面的　☐

　　C 正面和负面的　☐

2　实习让王天生、刘一红和张云：

　　A 知道自己感兴趣的行业情况，以后找工作有方向　☐

　　B 学会了很多专业知识　☐

　　C 提前了解了工作环境　☐

3　李老师认为假期实习对学生：

　　A 不重要　☐

　　B 重要，能提前了解工作环境，培养良好的职业习惯　☐

　　C 只是打发时间　☐

4　李老师对以后学生实习的想法不包括：

　　A 主动找和专业有关的实习机会　☐

　　B 多试试，多学点东西　☐

　　C 怕困难，不敢尝试　☐

5 根据采访，<u>李老师</u>对学生的建议是：

A 学习的时候别去实习

B 找和自己专业有关的实习机会

C 只选择简单的工作

十二、假设你是<u>王天生</u> / <u>刘一红</u> / <u>张云</u>，回答以下问题：

1 你有什么工作经验？

2 你工作时穿什么衣服？

3 你喜欢全职还是兼职工作？为什么？

［或］

你喜欢你的工作时间吗？为什么？

4 你觉得你的工作怎么样？为什么？

［或］

你喜不喜欢你的工作？为什么？

5 你学到了什么新技能？这些技能对你有什么帮助？

［或］

你在工作中学到了什么？这些对你未来有用吗？

申请工作　shēn qǐng gōng zuò

19 Applying for a job

词语

重点

一、圈出能组成正确词语的字。

1 （第 / 弟）一，我们应该关灯。

2 我喜欢（甩 / 用）电脑来看电影。

3 小玲不（旦 / 但）聪明，而（且 / 月）乐于助人。

4 我很想（中 / 申）请这份工作。

5 林林年（级 / 纪）还小不适合工作。

6 这位是陈（小 / 少）姐。

7 这是我的新地（止 / 址），有空来看我吧!

8 你有没有（另 / 别）外的电话号码?

9 一（船 / 般）来说，考试成绩三天后会通知你。

10 我怎么都看不（懂 / 董）西班牙语。

练习

二、用下列词语填空。每个词只用一次。

第一	出生	生日日期	性别
业余	电子邮件	电话号码	

履历表

姓名：陈安

1 .... ：男

2 .... ：2009 年 3 月 9 日

3 .... 地点：中国上海

4 .... ：+86 13913913913

5 .... ：chenan@china.mail.com

教育背景：上海6 .... 中学毕业

工作经验：2025–2026 法国餐厅服务员

7 .... 爱好：看法国电影和学习法语

挑战

三、将左边的词语和右边的意思搭配起来。

1	申请	A	告诉大家，让大家知道
2	通知	B	工作和学习以外的时间
3	合适	C	不要钱
4	免费	D	很好，可以做，可以用
5	经验	E	你告诉别人你要做一件事，请别人同意你
6	业余	F	以前做过，知道怎么做

语法

练习

四、按照例子和提示，完成句子。

例：（我、喜欢、字典、做作业）（用......来......）

我喜欢用字典来做作业。

....

1 （妈妈、喜欢、手机、跟朋友、聊天）（用......来......）

....

2 （哥哥、爱、电脑、玩游戏）（用......来......）

....

3 （老师、会、书本、教学生）（用......来......）

....

4 （我、会、水、洗衣服）（用......来......）

....

挑战

五、按照例子和提示，完成句子。

例：（我、喜欢、打篮球、网球）（不但......，而且......）

我不但喜欢打篮球，而且喜欢打网球。

....

1 （明天、会、下雨、打雷）（不但......，而且......）

....

2 （蔬菜、很、营养、健康）（不但......，而且......）

....

3 （我、喜欢、唱歌、跳舞）（不但......，而且......）

....

4 （妹妹、爱吃、冰淇淋、巧克力）（不但......，而且......）

....

听说读写练习

练习

六、帮<u>小华</u>、<u>小红</u>和<u>小芳</u>找合适的工作 (A–C)。

A

招聘演员

我们的电影公司想招聘一个演员。如果你是18岁以上，很喜欢演戏，可以来试试。

B

招聘空中服务员

我们的航空公司现招聘空中服务员。如果喜欢旅行，你就可以加入！

C

招聘厨师

我们的餐厅需要请一个厨师，如果你会煮美味的中餐和西餐，欢迎你加入！

<u>小华</u>：

在学校我最喜欢上戏剧课，因为我很喜欢演戏。☐

<u>小红</u>：

我从小就喜欢帮妈妈做饭，有时候我也会自己煮东西。☐

<u>小芳</u>：

我很喜欢去旅游，听说做空中服务员可以去不同的国家。我刚刚考完了法语和德语的考试。☐

七、把左边的问题与右边的答案连起来。

1	请问什么时候开始申请?
2	你有别的地址吗?
3	先生,请问你贵姓?
4	请问你有电话号码吗?
5	什么时候会有通知?
6	几岁可以参加比赛?

A	有,香港光明道100号五楼 A 室。
B	16岁以上。
C	我姓陈。
D	明天就开始申请。
E	有,是65432100。
F	大概三天吧!

八、在网上,我们可以找到很多关于申请工作的中文视频或音频。你可以在视频网站或社交网页上使用以下关键词搜索:

- 中文面试技巧

- 我的求职故事

- 中文简历怎么写

听完一分钟之后,完成下表,并向你的同学分享。

项目	你的回答与分享
• 我选择的视频／音频的标题是	
• 讲话的人是谁?	
• 我刚才听到的这一分钟里,主要讲了什么要点或建议?(可分点记录)	
• 我觉得最有用的是什么?	

挑战

九、今天你去面试了。写一篇日记，日记里讲一讲：

- 你参加了什么面试？
- 他问了你什么问题？
- 你觉得这次面试怎么样？

用中文写大概80–100个字。

请在写作中练习句型：(1) 第一…… (2) 用……来……
(3) 不但……而且……

....

....

....

....

....

....

....

....

....

....

小贴士

Practise using sentence patterns like 第一……, 用……来…… and 不但……而且…… to describe your interview experience clearly. Prepare specific details (for example, job type, questions asked) to avoid vague diary entries and ensure you meet the 80–100 character requirement.

练习

19

十、再看看本单元视频，然后在正确的选项旁打勾 (✔)。

1 林夏将来想做什么工作？

　　A 厨师 ☐　　　　B 老师 ☐　　　　C 医生 ☐

2 林夏不会做什么菜？

　　A 中国菜 ☐　　　　B 印度菜 ☐　　　　C 西餐 ☐

3 林夏去年暑假在哪里工作？

　　A 餐厅 ☐　　　　B 图书馆 ☐　　　　C 体育馆 ☐

4 林夏对这份暑期工的态度是什么？

　　A 感到紧张 ☐　　　　B 不感兴趣 ☐　　　　C 充满期待 ☐

5 田经理在面试中更关注林夏的哪方面？

　　A 学习成绩 ☐　　　　B 家庭背景 ☐　　　　C 工作经验与兴趣 ☐

小试牛刀

十一、你在一个图书馆做暑期工。写一封电子邮件给你的朋友，说说：

- 你是从什么时候开始在那里工作的？
- 你在那里做过什么？
- 那里的环境怎么样？
- 做暑期工有什么好处？
- 明年你想去哪儿做暑期工？

用中文写不少于150个字。

....

....

....

....

....

....

....

....

....

....

自我评估

	☺	😐	☹
I can use the particle 过 correctly to describe experiences or completed actions.			
I can effectively describe a working environment using appropriate adjectives and descriptive phrases.			
I can clearly discuss at least two benefits of doing a part-time job.			
I can clearly express my future intentions or plans using future tenses with 想 and 打算.			
I am familiar with the correct format and style of a Chinese email.			

十二、角色扮演。把答案填在横线上。

学生 你自己

老师 你的朋友

情景：你在一家餐厅工作。你跟你的朋友谈你的工作。

1 你是什么时候开始在饭馆工作的？

   ....

2 你怎么去饭馆上班？

   ....

3 你觉得这个工作怎么样？

   ....

   ....

4 你工作的时候说中文吗？你跟谁说中文？

   ....

   ....

5 你将来想在哪儿工作？

   ....

   ....

未来学业和职业规划 wèi lái xué yè hé zhí yè guī huà

20 Future education and career plans

词语

重点

一、把左边的工作和右边的描述连起来。

1	老师	A	他每个月都坐飞机到不同的地方。
2	农民	B	他每天早上很早起来，要做运动。有时候要参加比赛。
3	邮递员	C	他在田里工作。大米都是他种出来的。
4	运动员	D	他没有办公室，他每天都在家里写东西，他已经写了两本小说。
5	作家	E	他有很多学生。他在一所中学工作。
6	演员	F	他拍过电视，也拍过电影。
7	航空服务员	G	每天他要先去邮局，把邮件发到不同的地方。

二、用下列词语填空。每个词只用一次。

办理	拍照	兽医	国外	治疗	根据
念书	同意	目前	挣钱		

1　要放假的话，我们需要得到经理的 .... 。

2　小天去哪里呢? 他去了美国大使馆 .... 签证。

3　你妹妹从前在哪所中学 .... ?

4　............... 我们只要几杯咖啡，如果不够我们再去买吧。

5 小明生病了，要进行药物 ....。

6 在长城，很多人在 ....。

7 他小时候很喜欢小动物，他长大以后成为了一个 ....。

8 出国以后就要自己 .... 了，爸爸妈妈交不起学费。

9 他是中国人，在欧洲读书。他在 .... 认识的第一个朋友是法国人。

10 .... 记者的新闻，刘思天遇到了一个小偷。

挑战

三、把左边的句子和右边的原因连起来。

1 我想做小学老师，	A 因为旅游是我的爱好，我可以每个月都在国外。
2 我要学艺术，	B 因为我可以对生病的宠物进行治疗。
3 我要当航空服务员，	C 因为我喜欢小朋友。
4 我想成为商人，	D 因为我妈妈在医院工作了三年，她说她很满意自己的工作。
5 我不想成为司机，	E 因为我爸爸有自己的公司，我想跟他一样。
6 我将来可能成为作家，	F 因为我的文章写得很好，老师都说我的作文不错。
7 我要成为护士，	G 因为每天开车没有意思。
8 我将来要做兽医，	H 因为我喜欢拍照，我希望以后可以在美术馆找到自己拍的照片。

语法

练习

四、用下列量词填空。

家 所

1 我们第 次去台湾，在一 .... 很贵的饭店住，饭店的设施很好。

2 他的哥哥念书念得很好，现在在一 .... 大学读医科。

3 他的那 .... 中学很有名，他们的考试成绩特别好。

4 今年的冬天非常冷，街上只有几 .... 商店在开着。

5 爸爸在一 .... 国际公司工作，他是一个经理。

6 他很努力地工作，最后买了三 .... 房子。

挑战

五、按照例子，用 verb + **不** + (same) verb 将下面的句子改写成附加疑问句。

例：他们是好朋友吗？ ➜ .... 他们是好朋友，对不对？ ....

1 你可以现在去图书馆吗？

....

2 你可以明天去买电影票吗？

....

3 你今年上十一年级吗？

....

4 你们一家是姓陈吗？

....

5 你可以现在去做运动吗？

....

6 你打算去日本上大学吗？

....

7 你的父母都是韩国人吗？

....

六、翻译以下句子。

1 She is Chinese, but she lives in France.

....

2 My elder brother sang very loudly in the competition.

....

3 How many days will you stay here?

....

4 He learnt German in Malaysia for three years.

....

听说读写练习

挑战

七、阅读下面的日记，然后在正确的选项旁打勾 (✓)。

五月十五日　星期一　晴

第一次在国外读书，真不容易。我现在在<u>美国</u>的<u>纽约</u>，这是一个有很多人口的大城市。这里的交通四通八达，有地铁和公交车，感觉有点像<u>香港</u>。

朋友们都问我为什么要到<u>美国</u>学习。我的英文不好，所以我想到<u>美国</u>学英文。我觉得在这里学三年，我的英文就一定会好。

我第一个星期就认识了很多<u>中国</u>的朋友，他们都在这儿住了四、五年。他们给我介绍了很多<u>美国</u>的朋友。他们都不是在这个城市长大的，但是他们都喜欢美术，想来看看这里的艺术馆，所以来到了<u>纽约</u>。我们在同一所美术大学读书，我们学了怎么画画。

朋友都问我，打算以后做什么工作。我想到<u>法国</u>做画家，也想过回国做老师。朋友听见我说要做老师，马上叫我"<u>张</u>老师"了。

1 "<u>张</u>老师"现在在哪里读书？

　A <u>美国</u>　☐

　B <u>法国</u>　☐

　C <u>中国</u>　☐

2 为什么"<u>张</u>老师"要到<u>美国</u>？

　A 因为她想做老师。　☐

　B 因为她的艺术很好。　☐

　C 因为她想学好英文。　☐

3 "张老师"的中国朋友

A 刚刚到美国。 ☐

B 打算明年回中国。 ☐

C 在美国大概五年了。 ☐

4 "张老师"认识的美国朋友

A 和她一起读书。 ☐

B 都是纽约来的。 ☐

C 都喜欢做老师。 ☐

5 张老师

A 想在法国做老师。 ☐

B 已经做了三年老师。 ☐

C 可能回国教书。 ☐

八、再看看本单元视频，用中文回答以下问题。

20

1 小吴为什么想做工程师？

....

2 当护士除了要照顾病人，还要做什么？

....

3 为什么画家这个职业让小王充满热情？

....

4 如果喜欢与人交流，也想去不同的地方，做什么职业最好？

....

5 记者的工作有什么特别？

....

6 这五个年轻人认为如何可以梦想成真？

....

练习

九、角色扮演。把答案填在横线上。

(一)

情景：你跟一个美国朋友谈论去国外读书。

美国朋友：你想去哪一个国家读书？

你： **1** ....

美国朋友：你打算读什么科目？

你： **2** ....

美国朋友：在那个国家学习有什么好处和坏处？

你： **3** ....

美国朋友：你在那儿有亲戚朋友吗？

你： **4** ....

美国朋友：你会怎么认识新朋友？

你： **5** ....

(二)

情景：你打算去国外找工作。你跟一个中国朋友聊天儿。

中国朋友：你想找什么工作？

你： **6** ....

中国朋友：你为什么想做那份工作？

你： **7** ....

中国朋友：你要去哪个洲？

你： **8** ....

中国朋友：你为什么要去那个洲？

你： **9** ....

中国朋友：你怎么去那个洲？

你： **10** ....

十、给<u>中国</u>笔友写一封信谈谈你的未来计划，信里说说：

- 明年你要学习什么？

- 你准备在哪里上大学？

- 你准备上大学读什么科目？

- 你将来想做什么工作？

- 你想在家乡还是出国工作？为什么？

用中文写不少于150个字。

....

....

....

....

....

....

自我评估

	☺	😐	☹
I can discuss my future plans, including what I will study next year.			
I can talk about where I plan to attend university and what subjects I will study.			
I can say what job I want to do in the future and give reasons why.			
I can discuss the advantages and disadvantages of working in my hometown or abroad, and say which one I would prefer and why.			

小试牛刀

20.1

十一、中学记者<u>王丽方</u>采访一个在<u>中国</u>的新闻记者<u>陈一心</u>。听下面的采访，然后在正确的选项旁打勾 (✔)。

小贴士

在做选择题时，你可能会看到很多很相似的答案，建议你利用阅读题目的时间找出每一个答案的不同之处，这有助于选取正确的答案。

1　中学记者<u>王丽方</u>为什么要采访<u>陈一心</u>？

A　<u>王丽方</u>在写一本关于未来计划的书 ☐

B　<u>王丽方</u>在写一篇关于未来计划的文章 ☐

C　<u>王丽方</u>在写一篇关于未来计划的采访稿 ☐

2 陈一心为什么想做记者？

   A 读小学时喜欢看书 ☐

   B 读中学时喜欢写书法 ☐

   C 读大学时喜欢写文章 ☐

3 陈一心的爸妈觉得他应该找一份什么样的工作？

   A 往前走的工作 ☐

   B 很容易的工作 ☐

   C 能挣钱的工作 ☐

4 陈一心以前在国外读书。为什么要来中国呢？

   A 中文很好 ☐

   B 英文很好 ☐

   C 中文不好 ☐

5 陈一心最喜欢吃什么？

   A 菜肉包 ☐

   B 奶黄包 ☐

   C 小笼包 ☐

6 陈一心在中国做过什么有趣的事情？

   A 在迪士尼当过演员 ☐

   B 在迪士尼当过服务员 ☐

   C 在迪士尼当过售货员 ☐

十二、你是来自欧洲的高中生 John Bond。你想申请去中国上大学。用中文填写下面的表格。

姓名	John Bond
国籍	1
到中国哪个城市	2
申请哪所大学	3
为什么申请这所大学	4
读什么科目	5
未来职业是什么	6

> Part E

guó jì shì yě

国际视野

International world

采访名人　cǎi fǎng míng rén

21 Interviewing Chinese celebrities

词语

重点

一、按照例子，填写以下名人的职业。

名人	职业
例子：李连杰 (Lǐ Lián jié)	演员
郎朗 (Láng Lǎng)	1
李丽珊 (Lǐ Lì shān)	2
章子怡 (Zhāng Zǐ yí)	3
林书豪 (Lín Shū háo)	4
王嘉尔 (Wáng Jiā ěr)	5

二、看下面的图片，然后选择正确的答案，将字母填入方格中。

1 <u>姚明</u>喜欢玩电脑游戏。 ☐

2 <u>韩红</u>喜欢唱歌。 ☐

3 <u>成龙</u>喜欢拍电影。 ☐

4 <u>谢霆锋</u>喜欢做饭。 ☐

练习

三、圈出能组成正确词语的字。

1 <u>李安</u>是（成 / 城）功的导演。

2 <u>邓丽君</u>的歌声很受欢（柳 / 迎）。

3 <u>史密夫</u>打篮球时非常紧（长 / 张）。

4 <u>凌芳</u>的（性 / 生）格好，所以有很多朋友。

5 这是谁的（明 / 名）片?

6 对不起! 我（迟 / 尺）到了。

7 <u>小明</u>不愿意做作业，老师也（没 / 设）办法。

8 我的叔叔是<u>马来西亚</u>华（侨 / 桥）。

9 你可以告（诉 / 拆）我你的电话号码吗?

10 爸爸今天很高兴，所以（请 / 清）客。

语法

练习

四、按照例子，把陈述句 (chén shù jù 'declarative sentence') 改写成"被"字句。

陈述句	"被"字句
例：我吃了面条。 →	面条被我吃了。
1 妹妹喝了我的可乐。	
2 小猫抓住了一只小鸟。	
3 爸爸吃了我的结婚蛋糕。	

五、按照例子，把"被"字句改写成陈述句。

"被"字句	陈述句
例：马慢，马被妈妈骂。 →	马慢，妈妈骂马。
1 我被爷爷疼爱。	
2 他的单车被哥哥骑走了。	
3 草药被用来做中药。	

听说读写练习

练习

六、阅读下面的短文，然后用下列词语填空，每个词只用一次。

到法国看电影节

我和丽丽已经很久不见了，我们都很喜欢看法国的电影，所以我们决定一起去法国看电影节。我们像其他人一样从中国坐了十多个小时的飞机到法国。

法国的首都巴黎非常热闹，到处都是游客，人山人海。去电影节之前，我们去购物了。我买了一条很可爱的裙子，而丽丽就买了一件很酷的外套。

在电影节中，我们看到了很多世界著名的电影明星，最令人高兴的是他们邀请我们一起拍照，你也替我们高兴吧！

人山人海	吧	可爱	像......一样
热闹	邀请	不见了	酷

1　我和丽丽已经很久 ....。

2　我们 .... 其他人 .... 从中国坐了十多个小时的飞机到法国。

3　法国的巴黎非常 ....。

4　到处都是游客，............。

5　我买了一条很 .... 的裙子，而丽丽就买了一件很 .... 的外套。

6　最令人高兴的是他们 .... 我们一起拍照。

7　你也替我们高兴 ....!

七、阅读下面的短文，然后回答问题。

成龙

成龙，原名陈港生，在香港出生。六岁开始学习功夫。1970年毕业后，希望可以拍电影。1978年，在拍了两部功夫电影后开始有名。1994年主演电影《红番区》，该片在美国十分受欢迎，使他成功打入好莱坞 (Hollywood) 电影世界。

成龙曾被韩国人选为能代表"中国的大人物"之一，排第三名。2012年《纽约时报》选出史上"20位最伟大的动作巨星"，成龙是第一位。

成龙的成功得来不易。他曾说："假如有一天不能保持现状，我也该满足了，因为自己总算努力过。"成龙就是因为有永不放弃的精神，才有今天的成就。

1 <u>成龙</u>的原名是什么？

....

2 他在哪里出生？

....

3 他六岁开始做什么？

....

4 1970年毕业后，他希望做什么？

....

5 1978年<u>成龙</u>做了什么后开始成名？

....

6 1994年他主演了什么电影使他成功打入<u>好莱坞</u>？

....

7 <u>成龙</u>曾被哪一国的人选为能代表"<u>中国</u>的大人物"之一？

....

8 <u>成龙</u>在《<u>纽约时报</u>》所评选的"20位最伟大的动作巨星"中名列
第几位？

....

9 <u>成龙</u>为什么说假如有一天不能保持现状，他也该满足了？

....

10 <u>成龙</u>为什么能有今天的成就？

....

八、今天你看见了<u>香港著名影星成龙</u>在街上拍电影。写一篇博客,讲一讲:

- 你在哪里看见他?
- 他在拍什么电影?
- 你跟他说了什么?
- 你回家后做了什么?
- 在写作中练习句型: (1) 像……一样 (2) 被 (3) 吧

用中文写大概150个字。

....

....

....

....

....

....

自我评估

		😊	😐	☹
I can describe events and experiences in detail.				
I can use make comparisons using 像……一样.				
I can use 被 to express the passive voice.				
I can use 吧 to make suggestions or requests.				
I can organise my writing in chronological order.				

挑战

九、在网上,我们能找到名人接受采访的中文视频或音频。选择一个自己喜欢
的名人,找一段他 / 她的采访内容。听完之后,和身边的同学分享以下
信息:

- 这个名人是谁?
- 他 / 她为什么很有名?
- 在刚才听到的那段访问里,这个名人讲了些什么?
- 在他 / 她说的话中,你最喜欢的是什么?

练习

21

十、再看看本单元视频，完成以下表格。

名人	职业	特别成就
1 李小龙		
2 杨紫琼		
3 郎朗		
4 谷爱凌		
5 成龙		

小试牛刀

十一、阅读短文 A–D 后，选择正确的答案，将字母填入方格中。

A 张学友

张学友是一位很有名的歌手，他的歌很好听，有流行、摇滚和民谣等风格。他的歌声很温暖，很多人喜欢他。

B 韩红

韩红是中国的著名女歌手，同时也是音乐制作人和慈善家。她以其深厚的音乐才能和多样的音乐风格闻名，包括流行、民族和交响音乐。

C 许光汉

许光汉是亚洲有名的男演员，他在《想见你》中演年轻人时很有活力，而在《阳光普照》中演的角色又让人心疼不已。很多人喜欢他演的电影和电视剧。

D 邓紫棋

邓紫棋是一名华语流行音乐歌手，以其强大的演唱能力和创新的音乐风格著称。她的音乐风格包括流行、摇滚和电子音乐，广受年轻人喜爱。

小贴士

摇滚	yáo gǔn	rock music
民谣	mín yáo	folk music

1   哪个明星的音乐风格涵盖了民谣？ □

2   哪个明星是音乐制作人？ □

3   哪个明星是在亚洲很受欢迎的男演员？ □

4   哪个明星的音乐风格包括电子音乐？ □

5   哪个明星的音乐风格包括民族音乐？ □

十二、阅读以下有关易烊千玺的短文，然后回答问题。

易烊千玺 (Yì Yáng qiān xǐ) 是中国著名的艺人。他从小就开始学习舞蹈，后来又学习了书法和表演。易烊千玺在演艺界取得了很多成就，他出演了许多优秀的电影和电视剧，比如《少年的你》《送你一朵小红花》等，他饰演的角色深受观众喜爱。

除了演艺事业，易烊千玺还积极参与公益活动。他经常去贫困地区看望小朋友，给他们送去温暖和帮助。2017年，他还设立了一个公益基金，至今已帮助了2000多名农村儿童。

易烊千玺的努力和才华得到了大家的认可，他获得了很多奖项。但他并没有骄傲，而是继续努力提升自己。

小贴士

公益基金	gōng yì jī jīn	charitable foundation

1 易烊千玺从小学习了哪些东西？

....

....

2 易烊千玺出演过哪些影视作品？

....

....

3 易烊千玺除了演艺事业还做了什么？

....

....

4 易烊千玺得到大家认可后有什么表现？

....

....

5 易烊千玺在哪些方面表现出色从而获得了大家的认可？

....

....

6 易烊千玺去看望贫困地区小朋友时做了什么？

....

....

7 易烊千玺设立了什么来帮助农村儿童？

....

....

科技与社交媒体　kē jì yǔ shè jiāo méi tǐ

22 Technology and social media

词语

重点

一、翻译以下词语，并写出拼音。

1　download ....（汉字）........................（拼音）

2　email ....（汉字）........................（拼音）

3　opinions ....（汉字）........................（拼音）

4　to waste ....（汉字）........................（拼音）

5　mistake ....（汉字）........................（拼音）

6　news ....（汉字）........................（拼音）

7　social media ....（汉字）........................（拼音）

8　mobile phone ....（汉字）........................（拼音）

练习

二、圈出能组成正确词语的字。

1　这（较／软）件非常有用，可以帮助学习。

2　我用手提电脑检（旦／查）我的作文语法错误。

3　我现在不方便（讲／井）话，等一下给你回电话好吗？

4　这是哪一部智能手机的（厂／广）告？

5　这盒（子／字）里放了什么东西？

6　他的（姿／妻）子常常叫他少玩电脑游戏。

7　这部手机最大的特（沾／点）是照相特别美。

8　这两部手机的功能相（斤／近）吗？

小贴士

Create a vocabulary list of key tech terms (for example, 社交媒体，手机) and practise using them in simple sentences. This will help you a lot in reading and writing.

9 现（伐／代）使用手机的人越来越多。

10 妈妈发（现／见）她的电话不见了，十分紧张。

三、阅读下面的短文，然后用下列词语填空。

智能手机

智能手机自问世以来，非常受欢迎。现在，差不多每个人都有手机了。虽然手机让我们的生活很方便，但是，如果我们每天花太多时间用手机，也会带来很多坏处。

用手机时间太长会影响我们每天的工作，也会影响健康。经常看手机，眼睛会累，脖子也会疼。有的人用手机看电影，包括纪录片、动画片和故事片等，一看就是很长时间。我有很多朋友喜欢玩从网站下载的游戏，他们每天花很长时间玩游戏，慢慢地，他们的手也不舒服了。这些都是用手机太多带来的问题。

总的来说，我们一定要正确使用手机。不要看太长时间，看一会儿就休息一下眼睛。不要一直低着头，经常活动活动脖子。玩游戏也要注意时间。这样，手机才能给我们带来便利，而不是带来麻烦和健康问题。

小贴士

智能手机	zhì néng shǒu jī	smartphone

坏处	网站	正确	虽然……但是……	自

1 智能手机 .... 出现后，非常受欢迎。

2 .... 智能手机令我们的日常生活很方便，.............. 也有不少坏处。

3 这样不但会影响我们的日常生活，而且会影响我们的健康，所以也有不少 .... 。

4 我们可以用手机从 .... 下载电子游戏。

5 因此，我们一定要 .... 使用智能手机。

语法

练习

四、按照例子，将下面的句子用"的"字短语写成一句话。

例：我买了新手机。＋新手机功能很多
我买了功能很多的新手机

1 我申请了工作。＋我在餐馆当服务员。

2 他下载了一个软件。＋软件可以拍照，还可以和朋友聊天。

3 他发了一条博客。＋博客很多人点赞。

4 我读了一本有趣的书。＋有趣的书是关于社交媒体的。

5 这是一个网站。＋这个网站我每天都会看。

挑战

五、按照例子和提示，用所给的词语造句。

例：虽然智能手机很方便，但是长时间低头对身体不好。

1 虽然 _____ ，
但是 _____ 。

2 虽然 _____ ，
但是 _____ 。

例：尽管社交媒体上有各种各样的信息，我们还是要学会区分真假和对错。

3 尽管 _____ ，
还 _____ 。

4 尽管 _____ ，
还 _____ 。

听说读写练习

练习

六、把左边的问题与右边的答案连起来。

1	请问网址是什么？
2	你知道附近有网吧吗？
3	如果他接不了电话，我应该怎么办？
4	电话坏了，怎么办？
5	你一般跟谁玩电脑游戏？
6	你为什么在摇你的电话？

A	不太清楚，因为我从来没去过。
B	拿到电话公司去修理吧！
C	因为微信有一个功能是"摇一摇"就可以认识新朋友。
D	你可以给他留言或发短信。
E	网友。
F	是 www.abc.com.cn。

七、阅读下面刘雨心的日记，然后回答问题。

三月十一日 星期三 天气晴

我的社交媒体生活

社交媒体很好玩，我每天都用手机看社交媒体，在学校和家里都用。社交媒体让我学会了分享生活，还认识了新朋友！我跟其他青少年一样，喜欢在社交媒体上看视频和发照片。每天我用一小时看视频或跟朋友聊天，觉得很开心。有时候妈妈做好饭，我会先发照片，然后才开始吃。偶尔朋友来我家，我忙着看手机，忘了跟他们玩，所以朋友来得少了。

一天，妈妈笑着对我说，社交媒体好玩，但也要多陪家人和朋友。她让我少用手机，我觉得她说得对。最后，我决定每天只用半小时看社交媒体，其他时间跟家人和朋友一起玩，过更开心的生活。

1 刘雨心在哪里用社交媒体？

....

2 刘雨心跟其他青少年一样喜欢做什么？

....

3 为什么刘雨心的朋友来得少了？

....

4 为什么妈妈让<u>刘雨心</u>少用手机？

....

5 <u>刘雨心</u>最后决定做什么？

....

八、四位朋友正在讨论他们对某社交平台的看法。阅读他们的看法，回答问题。

<u>刘彩云</u>：

我叫<u>刘彩云</u>。这个社交平台上有很多好看的短视频，包括做饭、舞蹈、手工等。我每天一有空儿就和家人一起刷视频。看短视频既放松，又能让我学到丰富的知识。

<u>林静</u>：

我是<u>林静</u>。这个社交平台虽然能带来快乐和知识，但坏处也不少。有时候网上会产生一些错误信息，甚至有人用网络做坏事，这些问题挺严重的。

<u>赵英</u>：

我是<u>赵英</u>。我在这个社交平台上有自己的账号，我常常发短视频，分享我写的新歌，现在已经有一万多个"粉丝"了。我希望我能成为一个网红！

<u>田南</u>：

我是<u>田南</u>。这软件太容易让人沉迷了。我爱人每天都要花五个小时以上看短视频。短视频虽然很短，但你看了一个，还会有下一个，一直看下去，非常浪费时间。本来有空儿可以陪家人或者学习，结果全浪费在短视频上了。

对于某社交平台的看法，这四位学生的看法是：**A** 正面的，**B** 负面的或 **C** 正面和负面的都有。在正确的方格里打勾 (✓)。

		正面的	负面的	正面和负面都有
1	<u>刘彩云</u>	☐	☐	☐
2	<u>林静</u>	☐	☐	☐
3	<u>赵英</u>	☐	☐	☐
4	<u>田南</u>	☐	☐	☐

挑战

九、再次阅读第八题中的文字，回答问题。

1 刘彩云通常和谁一起刷视频？

....

2 林静说网络上会产生什么样的信息？

....

3 赵英最喜欢在社交平台上做什么？

....

4 赵英在社交平台上有多少个"粉丝"？

....

5 田南认为这个软件最大的坏处是什么？

....

练习

十、观看一段手机、人工智能 AI 等科技产品发布会片段，记录以下信息，然后和同学分享：

- 这是什么品牌？

- 谁在介绍产品？

- 新产品叫什么名字？

- 产品有什么特别的功能？

- 你觉得它哪里最有趣？

....

....

....

....

....

....

....

....

十一、你是<u>王丽</u>，想报名参加一个在微信上开的在线美术课。用中文填写下面的表格。

姓名	<u>王丽</u>
1　年龄	
2　生日	
3　你学过画画吗？	
4　上课时间	
5　使用的设备	
6　上课用的应用程序	
7　用什么上传作业？	
8　想学什么画？	
9　有无线网络吗？	

十二、再看看本单元视频，填表。

22

时间	主要科技工具	人们用它做什么？
1	报纸	看新闻、天气预报、小故事
1970年代	2	看新闻、电视剧、动画片
1990年代	电脑（网吧）	3
2010年代	4	拍照、听音乐、看新闻、在线聊天

小试牛刀

十三、阅读以下短文，用中文回答问题。

> 方东林非常喜欢玩电子游戏，虽然父母觉得浪费时间，但他觉得玩电子游戏会让他感到很放松，比看电视更有趣。
>
> 两年前，市里举办了青少年电子游戏比赛，方东林想参加。父母一开始不让他参加，担心他沉迷游戏。方东林每天先完成作业，晚上九点后和周末才练习玩游戏。因此，他的学习成绩挺好的。父母才同意他参加比赛。
>
> 比赛需要和三个队友配合。第一次参加时，他们输掉了比赛，队友们很生气，互相抱怨"都是你的错"。方东林说："大家要学会互相了解别人的看法"。半年后，他们拿到了市里的第一名，要去参加全国比赛。他们的老师知道他们要去比赛，主动给他们发上课的视频，给他们上网课。
>
> 方东林计划明年去德国参加国际比赛，他也想在学校开一个电子游戏课外班。

1　方东林觉得电子游戏比看电视好的原因是什么？

　　...

2　父母最初反对方东林参赛的理由是什么？

　　...

3　方东林每天什么时间练习玩游戏？

　　...

4　第一次比赛输了，方东林提出了什么建议？

　　...

5　他们练习了多长时间后获得了市里第一名？

　　...

6　老师为他们做了什么？

　　...

7　方东林未来的两个计划是什么？

　　...

　　...

十四、你在网上帮助一个小学生学习。写一封电邮给你的朋友，说说：

- 你教了他 / 她什么？

- 你是怎么在网上给他上课的？

- 网上上课有什么好处和坏处？

- 你自己学到了什么？

- 以后你想不想当网课老师，为什么？

用中文写150个字以上。

....

....

....

....

....

....

....

....

....

....

....

....

....

....

自我评估

	😊	😐	😞
I can use vocabulary related to technology.			
I can discuss advantages and disadvantages of technology.			
I can state what I have learnt from an experience.			
I can express whether I want to continue to do something in the future and explain why or why not.			

中国节日　*Zhōng guó jié rì*

23 Chinese festivals

词语

重点

一、动物猜一猜。

1　它生活在水里，只喜欢在水里游泳。......................................

2　它喜欢晚上才出来，它很怕猫。......................................

3　它的身体非常大，有长长的鼻子。......................................

4　它的身体上有条状的花纹。......................................

5　它为我们提供牛奶。......................................

6　它喜欢在树上跳来跳去，最喜欢吃香蕉。......................................

7　它很特别，因为它没有腿。......................................

8　它喜欢和朋友一起吃草。......................................

9　它的毛是黑色和白色的，它很喜欢睡觉。......................................

10　它有黄色的嘴巴，身体是白色的，它也喜欢游泳。......................................

11　它的身体有点大，是粉红色的。......................................

12　它的身体很小，最终会变成蝴蝶。......................................

练习

二、阅读下面的短文，完成选择题。

> 今天是端午节，海明九点起来去海边看龙舟比赛。可惜天气不太好，有毛毛雨。他看了一会儿就打算去图书馆看书，但是今天是假期，图书馆没有开门。他只好去电影院看电影。最后，他去了超市买东西。他买了葡萄和面包。中午一点回到家，三十分钟后吃午饭，午饭是端午节的节庆食品——粽子。

1　今天天气怎么样？

A 天晴 ☐　　　B 下毛毛雨 ☐　　　C 多云 ☐

2　海明去海边看了什么？

　　A 龙舟比赛 ☐　　　B 看书 ☐　　　C 演唱会 ☐

3　然后海明做了什么？

　　A 看电影 ☐　　　B 听音乐 ☐　　　C 吃年糕 ☐

4　海明在超市买了什么？

　　A 冰淇淋和水果 ☐　　　B 水果和鱼 ☐　　　C 面包和水果 ☐

5　海明的午饭是什么？

　　A 汤圆 ☐　　　B 粽子 ☐　　　C 月饼 ☐

6　海明几点吃午饭？

　　A 一点 ☐　　　B 一点一刻 ☐　　　C 一点半 ☐

重点

三、把左边的节日与右边的拼音连起来。

1	春节
2	中秋节
3	清明节
4	端午节
5	重阳节
6	劳动节
7	国庆节
8	元宵节
9	情人节
10	儿童节
11	除夕
12	圣诞节

A	ér tóng jié
B	chóng yáng jié
C	láo dòng jié
D	zhōng qiū jié
E	qíng rén jié
F	yuán xiāo jié
G	qīng míng jié
H	duān wǔ jié
I	guó qìng jié
J	chūn jié
K	shèng dàn jié
L	chú xī

语法

挑战

四、用 "把" 字句完成句子。

1　假期快结束了，我们应该把 ....。

2　虽然外面很冷，我们还是把 ....。

3 即使这蛋糕很好吃，你也不应该把 _____。

4 如果明天天气很好，我就会把 _____。

5 虽然我很饿，但是我没有把 _____。

五、用"因此"句型完成句子。

1 我很喜欢吃快餐，因此 _____。

2 我天天都跟朋友去打篮球，因此 _____。

3 我在考试前一天才开始复习，因此 _____。

4 春节的时候我跟很多亲戚拜年，因此 _____。

5 我的汉语说得很好，因此 _____
_____。

六、用"也……，也……"句型完成句子。

1 陈安不仅是学校的学生代表，也是 _____，也是篮球校队的队长。

2 乒乓球也好，_____也好，不管什么球，我都爱玩儿。

3 爸爸也好，妈妈也好，_____也好，都是我的亲人。

4 弟弟最近不只顽皮，也不听父母的话，也 _____。

5 妹妹吃自助餐时，_____也吃，_____也吃。

> **小贴士**
>
> 使用"也……，也……"句型时，你可以只使用一个主语，也可以使用两个或两个以上主语。

听说读写练习

重点

七、阅读下面的短文，然后用下列词语填空，但不是所有词都必须用上。

> ### 中秋佳节
>
> 我最喜欢的中国节日是中秋节。虽然中秋节不像新年一样有红包，但这也是一个一家团聚庆祝的节日。
>
> 我们过节一般会在家里吃饭，吃完饭后妈妈会把月饼切好拿出来。这时候我和弟弟妹妹都会很兴奋，因为月饼是节庆食品，所以一年只有一次，错过了就要等到明年。我最爱吃的月饼是巧克力月饼，妹妹最喜欢冰皮月饼，爷爷喜欢传统的莲蓉月饼。莲蓉月饼爸爸也喜欢，妈妈也喜欢。

对小朋友来说，点灯笼是中秋节最受欢迎的活动。吃饭后，我们在公园拿着五颜六色的灯笼走来走去，非常开心热闹。

新年	中秋节	应该	最受欢迎	五颜六色
节庆	巧克力	冰皮	庆祝	送礼物

1　作者最喜欢的中国节日是 ....。

2　中秋节是一家团聚 .... 的节日。

3　月饼是一年只有一次的 .... 食品。

4　妹妹最喜欢 .... 月饼。

5　点灯笼是中秋节 .... 的活动。

挑战

八、阅读下面的信，然后回答问题。

亲爱的爸爸、妈妈：

你们好！今年是我在中国过的第一个春节。春节也叫新年，是中国人最重要的节日。春节每年的时间都不一样：有时候在公历的一月，有时候在公历的二月，但是，都是在农历的正月初一。春节的庆祝活动通常进行15天，春节的最后一天是元宵节。

春节的时候，中国人要穿新衣服，最好是红色或金色的。家人们在除夕会一起吃年夜饭。年夜饭有鱼、年糕、饺子等等。今年他们还为我特别准备了烤鸭和海鲜，这些食品不但美味可口，而且都是有寓意的。例如吃鱼的寓意是年年有余，吃年糕的寓意是年年高升。

庆祝春节期间，中国人见面会说"春节好""新年快乐"等，禁止说一些不好的话。中国人还有一个春节习俗：长辈给小孩红包。红包就是一个红色或金色的信封，里面有钱。我最喜欢这个习俗了，由于我还是孩子，因此我收到了很多红包。有空请给我回信。

祝身体健康！

儿子　汤姆　上

二月十五日

1　这封信是谁写的？

....

2 这封信是写给谁的?

....

3 中国人觉得哪一个节日最重要?

....

4 春节是在农历的哪一天?

....

5 春节一般庆祝多少天?

....

6 春节的最后一天又叫什么?

....

7 春节时人们喜欢穿什么颜色的衣服?

....

8 什么时候吃年夜饭?

....

9 吃鱼有什么寓意?

....

10 春节期间中国人见面会说什么?

....

11 小孩在春节时会收到什么?

....

12 为什么汤姆最喜欢给红包这个习俗?

....

九、再看看本单元视频, 然后在正确的选项旁打勾 (✔)。

23

1 春节前的准备工作不包括哪一项?

A 大扫除 ☐   B 办年货 ☐   C 贴春联 ☐   D 吃月饼 ☐

2 在春节期间, 长辈会给晚辈发什么?

A 礼物 ☐   B 红包 ☐   C 饺子 ☐   D 元宵 ☐

3 春节的节庆食品包括哪些？

 A 月饼和元宵 ☐   B 饺子和年糕 ☐

 C 粽子和汤圆 ☐   D 炒饭和饼 ☐

4 元宵节的传统食物是什么？

 A 饺子 ☐   B 月饼 ☐   C 粽子 ☐   D 汤圆 ☐

5 元宵节的庆祝活动中不包括哪一项？

 A 看花灯 ☐   B 猜灯谜 ☐   C 吃年夜饭 ☐

 D 放烟火 ☐

6 人们在清明节会带什么去扫墓？

 A 汤圆 ☐   B 鲜花 ☐   C 灯笼 ☐   D 烟火 ☐

7 端午节的传统食物是什么？

 A 月饼 ☐   B 年糕 ☐   C 饺子 ☐   D 粽子 ☐

8 中秋节强调什么？

 A 旅游 ☐   B 亲情和团聚 ☐   C 工作 ☐   D 学习 ☐

十、你是汤姆。写一篇日记，记录你跟中国朋友庆祝节日的经历。日记里
说一说：

- 那是什么节日；
- 你跟谁一起庆祝；
- 在哪里庆祝这个节日；
- 你们如何庆祝；
- 你会吃什么节庆食品；
- 你想不想明年再庆祝这个节日？为什么？

用中文写150个字左右。

....

....

....

....

....

....

....

小试牛刀

十一、对话练习。与同学两人一组，回答以下问题。

1 你最喜欢哪一个中国节日？

2 你如何庆祝春节或者圣诞节？

3 说一说端午节有什么节日活动？你喜欢吗？为什么？

〔或〕

你喜欢赛龙舟吗？为什么？

4 你觉得庆祝节日重要吗？为什么？

〔或〕

你喜欢庆祝节日吗？为什么？

5 明年你打算如何庆祝中秋节？吃什么节庆食品？

〔或〕

明年中秋节你会做什么？吃什么？

23.1 十二、小明和李华正在谈论中国节日。听下面的对话，然后在正确的选项旁打勾 (✓)。

1 李华知道哪些节日？

A 端午节和重阳节 ☐　　B 春节、元宵节和中秋节 ☐

C 国庆节和冬至 ☐　　D 清明节和元宵节 ☐

2 春节是在农历的哪个月份庆祝？

A 正月 ☐　　B 二月 ☐　　C 三月 ☐　　D 四月 ☐

3 除夕夜，家人们会在一起吃什么？

A 包子 ☐　　B 年夜饭 ☐　　C 蛋糕 ☐　　D 粽子 ☐

4 鱼象征着什么？

A 幸福 ☐　　B 财富 ☐　　C 健康 ☐　　D 年年有余 ☐

5 元宵节在春节后的哪一天庆祝？

A 正月初十 ☐　　B 正月十五 ☐

C 二月初五 ☐　　D 三月初八 ☐

6 中秋节时，人们会做什么？

A 吃粽子 ☐　　B 赏月 ☐　　C 放烟花 ☐　　D 赛龙舟 ☐

7　端午节是为了纪念谁?

A 爷爷 ☐　　B 孔子 ☐　　C 屈原 ☐　　D 老师 ☐

8　李华最喜欢哪个节日?

A 中秋节 ☐　　B 端午节 ☐　　C 元宵节 ☐　　D 春节 ☐

自我评估

		☺	☻	☹
I can explain how different festivals are celebrated.				
I can discuss the importance of celebrating festivals.				
I can share my plans for celebrating a festival in the future.				
I can describe the festive foods associated with a holiday.				

学中文　xué Zhōng wén

24 Learning Chinese as a foreign language

词语

重点

一、用下列词语填空，每个词只用一次。

兴趣	复习	拼音	查	收获
交流	举行	努力		

1　我每天用电子邮件与朋友和家人 ＿＿＿＿＿。

2　这次参加"汉语桥"比赛，他的 ＿＿＿＿＿ 很大。

3　他对学习汉语有很大的 ＿＿＿＿＿。

4　下个星期我就开始 ＿＿＿＿＿，准备考试。

5　张明的儿子刚5岁，已经开始学习汉语 ＿＿＿＿＿ 了。

6　老师说，有不懂的词语要去 ＿＿＿＿＿ 词典。

7　网球比赛今天在法国 ＿＿＿＿＿。

8　他每天都 ＿＿＿＿＿ 工作，工作态度很积极。

挑战

二、一个外国朋友在采访你，你们在谈学中文。把左边的问题与右边的答案
连起来。

1	你叫什么名字？	A	同意。因为在汉语声调非常重要。
2	你来了中国多久了？	B	一千个左右，可以看报纸了。
3	你来中国以前会说中文吗？	C	"你好"我都不会说。
4	现在会多少个汉字？	D	这是我来中国的第三年了。
5	为什么你的中文这么好？	E	我叫刘雨东。
6	你觉得拼音重要吗？	F	我经常用中文跟中国的朋友交流。

语法

练习

三、按照例子，用"得"或"不"翻译以下句子。

例：He cannot see the sun.（看见）➜ 他看不见太阳。............................

1 My younger sister can read pinyin.（看懂）

   ....

2 Xiaowang（小王）cannot understand French.（听明白）

   ....

3 I can understand these exchange students' Chinese.（听懂）

   ....

4 My father went to Beijing, but he could not see the *hutong* of old Beijing.
   （看见）

   ....

5 The teacher can understand the Chinese characters that I wrote.（看懂）

   ....

文化

北京胡同

北京胡同是老北京的小路。很多老房子在胡同两边。胡同已经有600年历史，现在仍有人住，游客也喜欢来参观。

四、按照例子，改写句子。

例：我明天在家看这本书。➡ 这本书，我明天在家看。

1 你复习了昨天的词语吗？

....

2 这件衣服的颜色很好看。

....

3 王小明买了这门课的课本。

....

4 我觉得印尼的气候每天都很热。

....

5 你订了在北京的酒店吗？

....

6 城市的人都喜欢去农村吗？

....

小贴士

Remember, to emphasise a topic in Chinese, put it at the beginning of the sentence and then add a comment on it.

五、按照例子，用"要是......，就......"造句。

例：这个课程 / 是 / 学普通话 / 的 / 我 / 参加
　　要是这个课程是学普通话的，我就参加。

1 你 / 赢了 / 比赛 / 我们 / 去 / 喝 / 茶 / 。

....

2 你 / 笔顺 / 不对 / 你的中文 / 学不好 / 。

....

3 老师的教学 / 不好 / 你的中文发音 / 没有 / 这么好 / 。

....

4 你 / 不学 / 拼音 / 你的声调 / 不对 / 。

....

5 你 / 每天 / 练习中文 / 你的中文 / 会进步 / 。

....

听说读写练习

练习

六、阅读下面的信，然后在正确的选项旁打勾 (✓)。

亲爱的花香:

很久没见，最近怎么样? 我今天在中国的首都北京，准备回家。

我之前参加了一个叫"汉语桥"的比赛，认识了很多新朋友。他们都来自很多不同的国家，比如马来西亚和印尼等等，我们都有着同样的兴趣——说普通话! 赢出的是泰国队，他们的发音很好，他们会的生词很多，而且他们的表演很精彩，因为他们很努力去准备。

比赛完了之后，我跟泰国的朋友一起去了北京旅游。我们去看了胡同，看看老北京是怎么样的。我有一个朋友叫李颜，她是北京大学的留学生，我们去了她的宿舍参观。她说汉语说得很好，她说，"要是我不跟中国人交流，我的中文不会说得好。"她一开始听不懂中国人讲话，现在她的口语已经很好。

明年在我的国家会举行一个汉语比赛，我会参加。要是有空儿的话，你也可以来我的国家玩儿! 请给我写信。

祝好!

你的朋友　路始　上

十一月三日

小贴士

泰国	Tài guó	Thailand

1　写信的人叫　A 花香 ☐　　B 路始 ☐　　C 李颜 ☐

2　路始在北京

　　A 参加汉语桥比赛 ☐　　B 旅游 ☐　　C 去泰国 ☐

3　拿到第一的国家是　A 英国 ☐　　B 法国 ☐　　C 泰国 ☐

4　在北京，路始去看了　A 长城 ☐　　B 故宫 ☐　　C 胡同 ☐

5　李颜是　A 中国人 ☐　　B 外国人 ☐　　C 北京大学的宿舍 ☐

6　李颜

　　A 到中国的时候口语已经很好 ☐　　B 到北京大学的宿舍参观 ☐

　　C 喜欢跟中国人用中文交流 ☐

七、你是刘雨东。阅读下面朋友吴健洋给你写的一封信。然后给吴健洋回信，
用中文写不少于150个字。

> 刘雨东：
>
> 你好！我学中文学了两年了。我知道你现在在中国学汉语，我也想明
> 年花一年的时间在中国，请你说一说：
>
> • 在中国学中文有什么好处？
>
> • 有什么困难？
>
> • 学中文有什么好方法？
>
> • 你以后打算在德国教中文吗？
>
> 请给我回信。
>
> 吴健洋　上

....

....

....

....

....

....

....

....

小贴士
好词好句
• 我在中国学了三年的汉语，现在我的口语已经很好。
• 要是你来了中国以后，你的中文也会提高。
• 学好中文的方法，很多人都想知道。

自我评估			
	☺	😐	☹
I can describe the benefits and challenges of learning Chinese in China.			
I can use 要是……，就…… sentences.			
I can use 因为……所以 …… sentences.			
I can suggest methods for learning Chinese effectively.			
I can express my future plans and aspirations.			

挑战

八、"汉语桥"是由中国国家汉办推广、旨在向世界介绍汉语而设立的一个外国学生汉语水平竞赛。在网上观看学生中一场精彩的"汉语桥"比赛视频,然后写下比赛中的精彩内容,比如:

- 参赛者的名字

- 他们的国籍

- 他们的演讲题目

- 他们的得分

- 你为什么觉得很精彩

....

....

....

....

....

....

小贴士

可以使用字幕来辅助你写笔记,加油!

练习

九、与同学两人一组,回答以下问题:

1 你在哪里学习中文?

2 你每天学习中文多长时间?你喜欢学中文吗?

3 你的中文老师怎么样?他 / 她教得好不好?

4 你觉得学习中文的哪部分最难?为什么?

5 你未来想继续学习中文吗?为什么?

24

十、再看看本单元视频,然后在正确的选项旁打勾 (✓)。

1 李莉在哪个国家学习中文?

A 中国 ☐   B 文莱 ☐   C 日本 ☐

2 在李莉的学校,学生们如何体验中国文化?

A 参加中国文化节 ☐   B 观看中国电影 ☐   C 听中国音乐 ☐

3 根据李莉的描述,学习中文的一个重要途径是什么?

A 通过电话交流 ☐   B 发送电子邮件 ☐   C 发信息 ☐

4 李莉和同学们为什么会去北京大学?

A 参加比赛 ☐　　B 参观学习 ☐　　C 参加音乐节 ☐

5 李莉在视频中提到,学习中文可以帮助我们做什么?

A 提高数学成绩 ☐　　B 了解更多文化 ☐　　C 学好物理 ☐

小试牛刀

十一、阅读以下对话,然后在正确的方框内打勾 (✓)。

> 王平:　我是一年前开始学中文的。起初,我只能说"你好"和"谢谢",但通过每天练习,我现在可以进行简单的对话了。
>
> 黄乐:　我在学校学中文。我们有很多来自中国的老师,他们教得非常好。我最喜欢的活动是角色扮演,这帮助我提高了口语。
>
> 李小红:我自学中文已经两年了。我主要通过看中文电视剧和听中文歌来学习。这让我更了解中国的文化,也帮助我记住了很多词汇。
>
> 赵小明:我的中文课在网上进行。老师会用很多互动的方式来教我们,比如在线游戏和小组讨论。这样的学习方式很适合我。

		王平	黄乐	李小红	赵小明
1	谁已经学习中文一年了?	☐	☐	☐	☐
2	谁在学校通过角色扮演的方式学习中文?	☐	☐	☐	☐
3	谁通过观看中文电视剧和听中文歌曲来学习中文?	☐	☐	☐	☐
4	谁的中文课通过网上的互动方式进行?	☐	☐	☐	☐
5	谁通过每天练习已经可以进行简单的对话了?	☐	☐	☐	☐

🎧 24.1 十二、艾米正在谈论她学习中文的经历。听下面的录音,然后在正确的选项旁打勾 (✓)。

1 艾米学习中文的原因是:

A 正面的 ☐　　B 负面的 ☐　　C 正面和负面的 ☐

2 艾米对发音的态度是：

    A 正面的 ☐   **B** 负面的 ☐   **C** 正面和负面的 ☐

3 艾米学中文的过程是：

    A 正面的 ☐   **B** 负面的 ☐   **C** 正面和负面的 ☐

4 艾米的社交圈有什么变化？

    A 变小了 ☐   **B** 没有变化 ☐   **C** 扩大了 ☐

5 为什么艾米对未来感到不开心？

    A 因为她要回国了 ☐

    B 因为学校不再开中文课 ☐

    C 因为她不想学中文了 ☐

救救地球 *jiù jiù dì qiú*

25 Saving the planet

词语

重点

一、根据图片内容，从 A–E 五个选项中选出正确的描述，将对应的字母填入
方格中。

1　<u>小华</u>去买东西的时候会自己带购物袋。　☐

2　天气热的时候，<u>陈刚</u>会打开窗户。　☐

3　为了省电，<u>丽丽</u>会把不用的灯关了。　☐

4　<u>芳芳</u>在山上种树。　☐

5　<u>成成</u>把纸放在回收箱里。　☐

二、圈出能组成正确词语的字。

1　近年<u>北京</u>的空（气 / 汽）污染已有所改善。

2　（油 / 由）于<u>上海</u>市内的公共交通以地铁为主，因此非常方便。

3　请参加志（愿 / 原）者工作去帮助别人。

4　请大家注意环保，（救救 / 求求）地球。

5　只有你才可以（邦 / 帮）助改善环境。

6　大城市的光污染问题是要解（决 / 映）的。

7　你这样浪费电力会（破 / 跛）坏大自然的。

8　请保持教室清洁，不要弄（脏 / 庄）。

练习

三、按照例子，把左右两边的词语连起来。

1	全球
2	政府
3	解决
4	工作
5	情况
6	感到

A	难过
B	官员
C	变暖
D	混乱
E	人员
F	问题

语法

练习

四、用下列词组填空。

| 不是……就是…… 除非……才…… 只有……才…… |
| 只要……就…… ……或者…… |

1. .... 天气好，我们 .... 可以出去玩。
2. 英语考试 .... 在明天，.............. 在后天。
3. 我想喝红茶 .... 绿茶。
4. .... 爸爸来接我们，我们 .... 可以开车回家。
5. .... 再过两个星期，我们 .... 开始放暑假了。
6. .... 哥哥病了，他 .... 会停止玩电脑游戏。

挑战

五、阅读下面的短文，并根据上下文在空白处填入恰当的词语或词组。你可以从以下选项中选择：

词汇选项	语法词组选项
回收	不是……就是……
志愿者	只有……才……
光污染	只要……就……
地球	除非……才……
节约	……或者……
环保	如果……又……
情况	

保护我们的地球

现在，越来越多的人开始关注环境保护。我们可以通过很多方式来 1 .... 资源，比如把废纸和塑料瓶送到 2 .... 站。有些人还会在周末参加 3 .... 活动，去种树或者清理海滩。这些小小的行动都能让我们的 4 .... 变得更美好。不过，我们也面临着一些问题，比如空气污染、水污染，还有越来越严重的 5 .... 。

这些问题让我们的生活变得不那么健康。如果我们想要改变这种
6 ＿＿＿＿＿＿，就必须从自己做起。

其实，环保并不难。7 ＿＿＿＿＿＿ 我们每个人都做出一点努力，
8 ＿＿＿＿＿＿ 能让地球变得更干净。9 ＿＿＿＿＿＿ 你不想走路，
10 ＿＿＿＿＿＿ 不想坐公交，那至少可以少开一天车。只要大家一起
行动，未来就会充满希望。

听说读写练习

练习

六、阅读下面的博客，然后选择正确答案回答问题。

拯救地球，从你我做起！

大家好！我是环保博主小绿。

最近地球的环境问题越来越严重了！全球变暖、空气污染、资源浪
费……这些问题其实都和我们的日常生活有关。你知道吗？如果
我们不改变一些小习惯，地球可能会"生病"哦！

为什么地球会"生病"？

✗ 乱砍树木 ➡ 动物失去家园

✗ 空调温度调太低 ➡ 浪费电

✗ 不关电器 ➡ 能源白白消耗

✗ 浪费纸张 ➡ 需要砍更多树

✗ 浪费水 ➡ 清洁水源减少

我们一起救救地球吧！

✓ 随手关灯：离开房间时关掉不用的电器，省电又环保！

✓ 少用纸张：作业写双面，用电子笔记代替打印。

✓ 垃圾分类：把塑料、玻璃、纸类放进回收箱，循环利用！

✓ 自备购物袋：去超市带帆布袋，拒绝一次性塑料袋。

✓ 多走路/骑车：短途出行不开车，减少空气污染！

> **环保其实很简单！**
>
> 每个人的小行动，都能让地球更健康。从今天开始，和我一起加入环保行动吧！
>
> ＃拯救地球 ＃环保小习惯 ＃绿色生活

1 环保博主<u>小绿</u>主要在讨论什么问题？

    A 环境保护的重要性 ☐   **B** 地球的历史 ☐

    C 如何种植树木 ☐

2 文中提到哪些行为会导致全球变暖？

    A 多走路和骑车 ☐   **B** 浪费水和纸张 ☐

    C 关掉不用的电器 ☐

3 <u>小绿</u>建议的环保行动不包括哪一项？

    A 自备购物袋 ☐   **B** 使用一次性塑料袋 ☐   **C** 垃圾分类 ☐

4 为什么乱砍树木对环境有害？

    A 会导致空气更清新 ☐   **B** 动物会失去家园 ☐

    C 可以种更多水果 ☐

5 文中提到减少空气污染的方法是什么？

    A 多坐车 ☐   **B** 少走路 ☐   **C** 多走路或骑车 ☐

6 下列哪项是文中提到的"绿色生活"行为？

    A 浪费水 ☐   **B** 使用帆布袋 ☐   **C** 调低空调温度 ☐

7 <u>小绿</u>希望读者怎么做？

    A 继续浪费资源 ☐   **B** 等待政府解决 ☐

    C 从今天开始行动 ☐

挑战

七、你刚刚大学毕业，想找一份市场推广 (marketing) 工作。写一封简单的求职信，向一家环保公司介绍自己，并说明你为什么想在这家公司工作。

- 你叫什么名字？你毕业于哪所大学？

- 你以前做过什么工作（或志愿者）？

- 你为什么想加入这家环保公司？

- 你有什么技能可以帮助你做好这份市场推广相关的工作？（如：会用电脑、喜欢与人交流、会说中文等）

在写作中使用句型：不是……就是……、除非……才……、只有……才……、只要……，就……、……或者……

用中文写大概150个字。

....
....
....
....
....
....
....
....
....
....
....
....
....
....
....

自我评估

	☺	😐	☹
I can introduce myself and talk about my educational background.			
I can describe my previous work or volunteer experiences.			
I can explain why I would like to work for a certain company.			
I can list my skills and explain how they would help me in a job.			
I can use sentence patterns such as 不是……就是……, 除非……才…… and 只有……才…….			

练习

八、你家有哪些环保措施（比如回收纸张，空调温度不低于26摄氏度等）？制作一张海报展示你家的环保措施，并跟同学口头报告。你可以用下方横线记录你的演讲要点。

挑战

九、不少环保团体都会拍摄一些环保主题的视频。在网上搜索相关视频，将他们所提出的一些环保方法写在下面的横线上。

小贴士

在观看这些视频时，有时可能会遇到一些超出课程范围的词语，不过这没关系，因为通过这种方式能够学到更多知识，扩充自己的中文词汇量。

练习

十、再看看本单元视频, 然后在正确的选项旁打勾 (✓)。

1 回收纸张主要是因为:

A 纸张很贵。 ☐

B 回收纸张可以保护树木。 ☐

C 回收纸张能赚钱。 ☐

2 铝罐回收可以:

A 节省很多能源。 ☐

B 让铝罐变成食物。 ☐

C 让森林变多。 ☐

3 塑料瓶应该:

A 随便扔在地上。 ☐

B 回收利用。 ☐

C 放在河里。 ☐

4 为了不浪费食物, 我们应该:

A 买很多食物放着。 ☐

B 根据需要购买食物。 ☐

C 把食物都给别人。 ☐

5 坐公共交通工具的好处是:

A 让空气变差。 ☐

B 减少汽车尾气排放。 ☐

C 让道路更堵。 ☐

6 下面哪种行为对保护地球有帮助?

A 乱丢垃圾。 ☐

B 砍很多树。 ☐

C 回收铝罐。 ☐

小试牛刀

十一、对话练习。两人一组, 讨论以下问题:

1 地球现在面临着什么问题?

2 我们可以做什么来保护地球？

3 你知道什么是"环保"吗？你能举一个环保的例子吗？

4 每天少用塑料袋可以保护地球吗？为什么？

5 如果你有很多钱，你会用它来做哪些事情以保护地球？为什么？

十二、阅读以下短文，然后回答问题。

> 我叫路斯，我从北京旅游回来后，就住在英国的一个小城市。我们城市有很多树和花，空气很干净。但是，最近几年，城市里有了更多的汽车，空气有时候不太好。很多人开始担心这个问题。
>
> 为了保护环境，我们城市有很多计划。比如，政府鼓励人们少开车，多骑自行车。我们城市新建了很多自行车道，骑自行车变得更方便了。还有，政府在学校里教孩子们环保知识，让孩子们知道怎么保护地球。
>
> 我也很喜欢环保。我每天走路去学校，不用爸爸妈妈开车送我。我还喜欢种树，去年我和朋友们一起种了五棵树。我们希望以后有更多的绿色。

1 路斯住在哪里？

　　A 在一个大城市。☐　　　　B 在一个小城市。☐

　　C 在农村。☐　　　　D 在国外。☐

2 路斯觉得他们城市的空气怎么样？

　　A 总是很干净。☐　　　　B 有时候不太好。☐

　　C 总是很差。☐　　　　D 没有提到。☐

3 政府鼓励人们怎么去上班？

　　A 多开车。☐　　　　B 多走路或者骑自行车。☐

　　C 多坐公交车。☐　　　　D 多骑摩托车。☐

4 路斯每天怎么去学校？

　　...

　　...

5 路斯和朋友们去年做了什么？

　　...

　　...